卷首图

◆ 关公与周仓（唐·吴道子）

◆ 关羽擒将图 (明·商喜)

关羽图传

三国人物图传

马宝记 ◎ 著

许盘清 ◎ 地图绘制

北方文艺出版社

图书在版编目（CIP）数据

关羽图传 / 马宝记著；许盘清编著 . —— 2 版 . ——
哈尔滨：北方文艺出版社，2017.9

ISBN 978-7-5317-3773-5

Ⅰ . ①关… Ⅱ . ①马… ②许… Ⅲ . ①关羽（160–
219）– 传记 – 图集 Ⅳ . ① K825.2-64

中国版本图书馆 CIP 数据核字（2017）第 157907 号

关 羽 图 传
Guanyu Tuzhuan

作　者 / 马宝记　　　　　　　　　地图绘制 / 许盘清

责任编辑 / 安　璐　暴　磊　　　　　装帧设计 / 壹·书装

出版发行 / 北方文艺出版社　　　　　网　址 / www.bfwy.com
邮　编 / 150080　　　　　　　　　经　销 / 新华书店
地　址 / 黑龙江现代文化艺术产业园 D 栋 526 室

印　刷 / 三河市金轩印务有限公司　　开　本 / 880×1230　1/32
字　数 / 174 千　　　　　　　　　印　张 / 7
版　次 / 2017 年 9 月第 2 版　　　　印　次 / 2017 年 9 月第 1 次印刷

书　号 / ISBN 978-7-5317-3773-5　　定　价 / 49.00 元

前　言

关羽，三国时蜀汉大将，曾被汉朝皇帝（实际上是曹操）封为"汉寿亭侯"，是决定蜀汉兴亡的重要人物。由于他英勇善战，才使刘备的战略思想得以较好的贯彻执行，政治路线得以实现。刘备占据益州后，关羽镇守荆州，把守蜀汉门户，建立了功勋。最终在取得北伐襄阳的巨大胜利后，被曹操、孙权联手击败，丢失荆州，兵败被杀。

关羽的生平事迹在历代典籍中都有不同程度的记载，因其被历代帝王和民众神化，尤其是唐宋以后，关羽逐渐由历史上一个普普通通的将领，变成一个万人共仰、古今同拜的神灵，所以，不少典籍中的记载存在着民间传说、宗教信仰等非历史真实因素，这些记载因存在于正史等历史典籍中，而被当作正史对待，使本来并不复杂的关羽事迹，变得扑朔迷离，真伪莫辨。

总体来看，关羽的生平事迹可以分为历史上的关羽和社会生活中被神化了的关羽两个类型。前者主要见于《三国志》和裴松之的《三国志注》以及《后汉书》《东观汉纪》《华阳国志》《资治通鉴》等著作，后者散见于宋元以后史籍和各种稗官野史、民俗资料、小说戏剧之中。

　　为了还原历史真相，进一步弘扬忠义诚信的关公精神，本书兼取二者，以关羽一生的经历为线索，注重历史事实。同时，对关羽的各种传说、故事，选择重要部分适当采用，并在行文中加以说明。

　　本书文字部分由马宝记执笔，地图部分由许盘清绘制，插图除署名者外，有部分图片来自于网络，在此特予说明。

　　关公是海内外华人共同敬仰的英雄、武圣，本书作者在撰写的过程中，同样充满了敬畏之情，但是，因水平所限，错讹之处在所难免，恳请读者提出宝贵意见，谨致谢意。

关公的精神力量

能文能武一圣贤，忠信仁勇万代传。

桃园结义开伟业，茅庐三顾谱新篇。

力斩颜良诛文丑，独镇荆州战襄樊。

威震华夏英魂驻，儒圣释佛道家仙。

——作者题记

在我国历史上，出现了无数的英雄，历朝历代数不胜数。即便是在三国历史上，也出现了许许多多可圈可点的英雄，威武英勇的曹操、足智多谋的诸葛亮、叱咤风云的孙权、宽厚仁爱的刘备、威猛无敌的张飞，还有横扫千军的关羽等等，灿若繁星。在这些历史人物中，大多的人物很快在历史上沉寂，只有为数极少的英雄，时常唤醒人们对他们光辉事迹的追忆。在三国历史上，关羽就是这样一个人物。

关羽由一个历史英雄，逐渐演变成为一个威力无边的神灵，成为一种文化现象，形成了具有强大力量的精神，是特殊的历史环境造成的。在悠悠的岁月沧桑中，关羽不仅没有沉寂，没有失却他耀眼的星光，反而一步步从历史的长河中走出来，走向人间，走向人们顶礼膜拜的神坛，走进金光环护的圣殿，幻化为光耀四海、神力无比、万民仰拜的神灵。这种文化现象，充满了沉重的精神积淀，有着丰厚的历史基础、复杂的社会因素和神秘的宗教渊源。

一、关公精神形成的历史基础

任何一种文化现象的形成，都离不开其深厚的历史积淀。关公文化现象也是这样。关羽之所以会成为一种历史文化，形成一种强大的精神动力，具有其独具特色的历史背景。

首先，关羽的勇猛在《三国志》中有突出表现。

"白马之围"是《三国志·关羽传》较为成功地描写关羽英勇善战的故事之一：

> 建安五年，曹公东征，先主奔袁绍，曹公禽羽以归，拜为偏将军，礼之甚厚。绍遣大将颜良攻东郡太守刘延于白马，曹公使张辽及羽为先锋击之。羽望见良麾盖，策马刺良于万众之中，斩其首还，绍诸将莫能当者，遂解白马之围。[①]

关羽在"白马之围"中的表现，是树立关羽英勇无畏形象的关键，也是后世之所以将关羽作为英雄看待的重要根据。在关公文化的形成过程中，这一历史事件被无限美化，成为关羽演变成武神的重要因素。

为了体现关羽的神勇，后世还将袁绍的另一员大将文丑的被杀，也写到了关羽的功劳簿上，如关汉卿《关张双赴西蜀梦》中张飞云："我也

---

① ［晋］陈寿：《三国志·蜀书·关羽传》。以下所引凡未注明出处者，均见该文（含南朝宋裴松之注）。

曾鞭督邮，俺哥哥诛文丑，暗灭了车胄，虎牢关酣战温侯。"不但是戏剧、小说如此，不少学者也深信此说，如宋洪迈在其《容斋随笔》中曾说："关羽手杀袁绍二将颜良、文丑于万众之中。"[①]

北伐襄阳，斩庞德、擒于禁，逼迫曹操欲迁许都而避之，是关羽一生另一重要战功。

《三国志》本传载：

> （建安）二十四年，先主为汉中王，拜羽为前将军，假节钺。是岁，羽率众攻曹仁于樊。曹公遣于禁助仁。秋，大霖雨，汉水泛溢，禁所督七军皆没。禁降羽，羽又斩将军庞德。梁、陕、陆浑群盗或遥受羽印号，为之支党，羽威震华夏。曹公议徙许都以避其锐……

这是关羽在历史上最为辉煌的一刻，在关羽短暂的一生中，很少有能够显示出其作为刘备、诸葛亮集团的重要人物认真贯彻刘备路线的军事行动。而这一次，因其与刘备联吴抗曹的整体思路基本一致，又得到了史学家陈寿"威震华夏"的高度评价，所以在历代关羽文化形成的过程中，有不少论者认为这次战斗具有高度的政治意义，是刘备集团匡复汉室的决定性战斗，是打败曹魏的关键战役，如果不是孙权对关羽实施了突然袭击，击灭曹魏当指日可待。

客观地说，关羽北伐襄阳的这次战斗，确实显示了其威武卓越的战斗才能，对于禁、庞德的打击，大大震慑了曹魏的军心，起到了打击敌人、宣扬军威、鼓舞军心的效果。同时，关羽选择北伐的时机，也较为符合刘备整体的战略目标，所以这次战役基本上是成功的。后代史学家、

---

① ［宋］洪迈《容斋随笔》，上海古籍出版社 1992 年 7 月版。

学者也大都看到了这一点，给予了较为公允的评价。但是，随着关羽文化的不断发展，历朝历代为了渲染关羽的英勇无敌，肆意夸大了这次战役的实际作用，把北伐襄阳说成是消灭曹魏、匡复汉室的重要转折，认为关羽被东吴所杀是导致蜀亡汉灭的直接原因[1]，甚至于因孙权杀了关羽而被斥为帮助曹操的"汉贼"[2]。这些认识都过于偏颇，夸大了关羽北伐襄阳的政治意义。

其次，关羽的忠义也受到陈寿等人的赞颂，得到时人的认可。

除武勇威猛之外，后世还把目光放在了关羽对刘备的忠义方面，这一点，在《三国志》中也有比较详细的描写：

> 建安五年，曹公东征……曹公禽羽以归，拜为偏将军，礼之甚厚……曹公即表封羽为汉寿亭侯。初，曹公壮羽为人，而察其心神无久留之意，谓张辽曰："卿试以情问之。"既而辽以问羽，羽叹曰："吾极知曹公待我厚，然吾受刘将军厚恩，誓以共死，不可背之。吾终不留，吾要当立效以报曹公乃去。"辽以羽言报曹公，曹公义之。及羽杀颜良，曹公知其必去，重加赏赐。羽尽封其所赐，拜书告辞，而奔先主于袁军。左右欲追之，曹公曰："彼各为其主，勿追也。"[3]

裴注引《傅子》亦云：

> 辽欲白太祖，恐太祖杀羽，不白，非事君之道，乃叹曰："公，君父也；羽，兄弟耳。"遂白之。太祖曰："事君不忘其本，天下

---

① 如唐代范摅《云溪友议》云："关羽……果为吴将吕蒙麾下所殛。蜀遂亡。"
② 如朱熹、王士祯均持此说。
③ ［晋］陈寿：《三国志·魏书·武帝纪》。

义士也。度何时能去？"辽曰："羽受公恩，必立效报公而后去也。"

在这里，很明显，陈寿及裴松之的态度是既表彰了不忘旧主、感怀新恩的关羽，又颂扬了曹操作为一代将领的宽宏大度。

在关公文化得以形成的漫长历史中，人们逐渐把认识关羽的目光由勇武转向忠义，并作大力提倡，其原因也主要得益于这段描写。

相对于关羽来说，陈寿对曹操宽宏大度的描写则很少有人顾及。实际上，为《三国志》作注的裴松之在注释这段文字时，已经很清楚地赞扬了曹操的这些优点：

> 臣松之以为：曹公知羽不留而心嘉其志，去不遣追以成其义，自非有王霸之度，孰能至于此乎？斯实曹公之休美。

遗憾的是，后人在大肆宣扬关羽忠义的时候，却把曹操的这种大度远远地抛开了。历史的偏爱最终导致了"红脸"的忠义与"白脸"的"奸相"的鲜明对比。

关羽对刘备的忠心不二，在《三国志》及裴注所记载的曹魏和孙吴政权的议论中都得到了说明。裴注引《蜀记》载孙权活捉关羽父子之后云：

> 权欲活羽以敌刘、曹，左右曰："狼子不可养，后必为害。曹公不即除之，自取大患，乃议徙都。今岂可生！"乃斩之。

裴松之则引《吴书》说：

> 孙权遣将潘璋逆断羽走路，羽至即斩，且临沮去江陵二三百里，岂容不时杀羽，方议其生死乎？又云："权欲活羽以敌刘、曹。"

此之不然，可以绝智者之口。

裴松之的这种判断缺乏根据，应该说，关羽被活捉后，孙权完全有时间去议定关羽的去留，作为刘备的一员大将，关羽被潘璋活捉之后，潘璋不可能、恐怕也不敢私自对关羽进行处置。因此，《蜀记》的记载应该是真实可信的，是合乎情理的。

从《蜀记》的记载看，孙权及其臣下认为关羽对刘备是忠心耿耿的，认为当年曹操没有诛杀关羽是一大失误，并最终认为，为绝后患，关羽决不可留。

关羽对刘备的忠心，不仅被东吴看出，当时曹魏政权中，也有基本一致的认识。《三国志·刘晔传》载，黄初元年，刘晔为侍中，曹丕询问群臣刘备是否会为关羽报仇，众人均认为蜀汉弱小，关羽死后，已无力再战。独有刘晔表达了不同的观点，认为：

> 蜀虽狭弱，而备之谋欲以威武自强，势必用众以示其有余。且关羽与备，义为君臣，恩犹父子；羽死不能为兴军报敌，于终始之分不足。[1]

这种观点代表了曹魏政权对关羽的认识。

正是因为时人和后世对关羽忠义的肯定和赞颂，才使人认识到了关羽忠义的巨大价值，并进而成为统治者标榜的样板。

第三，关羽的忠义武勇得到了后世史学家和文人的称赞。

一个历史偶像的形成，除了它自身具有的基本因素之外，还需要靠

---

[1]　[晋]陈寿：《三国志·魏书·刘晔传》。

许许多多外部条件的影响。具体到关羽这么一个文化样板的出现，不仅仅是他自身英勇无畏所造成的，更重要的是，在历史这个复杂的大熔炉里，每个人都在不断地表现着自己；面对纷乱的政治，每个人都在表达着属于自己的意愿，尽管这个意愿有时是不真实的。

　　清代著名的史学家赵翼在思考关羽文化时，罗列出了历史上人们对关羽的钦佩和效法，其《廿二史札记》云：

　　　　汉以后称勇者，必推关、张……二公之勇，见于传记者止此，而当其时无有不震其威名者。魏程昱曰："刘备有英名，关羽、张飞皆万人敌。"刘晔劝曹操乘取汉中之势进取巴蜀……此魏人之服其勇也。周瑜密疏于孙权："刘备以枭雄之姿，而有关羽、张飞熊虎之将，必非久屈而为人用者。"此吴人之服其勇也。不特此也……二公之名，不惟同时之人望而畏之，身后数百年，亦无人不震而惊之。威声所垂，至今不朽，天生神勇，固不虚也。[①]

　　赵翼所罗列的大都是唐代以前的事例，实际上，类似这样的事情历代屡见不鲜，尤其是当关羽崇拜如火如荼、关羽文化形成一定规模以后更是如此。如北宋梁山泊农民起义英雄"大刀关胜"被视为关羽后裔而备受尊崇；元末刘福通率领的红巾军，明末高迎祥、李自成、张献忠领导的农民起义军，清代洪秀全领导的太平天国农民起义军等，都把关羽作为自己奋勇杀敌的榜样和动力，把关羽作为自己取得胜利的保护神。这是关羽英武神勇的重要历史基础。

　　关羽的这种威勇也为历代文人所咏叹。

---

　　① ［清］赵翼《廿二史札记》。

唐代郎士元（君胄）在其《关羽祠送高员外还荆州》（又作《壮缪侯庙别友人》）云：

> 将军秉天姿，义勇冠今昔。走马百战场，一剑万人敌。谁为感恩者，竟是思归客。流落荆巫间，裴回故乡隔。离筵对祠宇，洒酒暮天碧。去去勿复言，衔悲向陈迹。①

董侹《重修玉泉关庙记》亦云：

> 将军当三国之时，负万人之敌，孟德且避其锋，孔明谓之绝伦，其于殉义感恩，死生一致，斩良擒禁，此其效也。②

这些宣传与赞颂，都大大促进了关羽文化的形成。

关羽文化形成的历史因素，是决定关公精神赖以形成的最重要条件：唐前历史中，人们对关羽的高度评价，在战争期间、社会生活中对关羽英雄行为的效仿，人们自觉或不自觉地景仰，共同形成了一种社会普遍性的认同心态。当这种心态具有了一定的社会基础，再加上诸如统治者有意识地提倡的时候，关羽在社会生活中的地位就迅速得以提高，成为人们生活中不可或缺的重要精神食粮了。

二、关公精神形成的社会因素

除了历史因素之外，关公文化得以凝聚为精神力量的另一重要原因，是关羽作为武将影响之下的社会心理需求。当关羽的英武故事广泛流传

---

① 《关帝志》卷四艺文下。
② 《关帝志》卷三艺文下。

于社会，当关羽的英雄形象日益被人们所接受，当关羽作为义勇双全的偶像被人们效法、模仿，甚至于顶礼膜拜的时候，关羽就不仅仅是三国英雄关云长了，而是作为一种社会存在、一种文化因素，作为一种普遍存在于人们的生活，又高高地映现于生活之上的形象了。这时的关羽，既可以成为救民于水火、保佑万民康乐的神灵，又可以成为统治者统治人民的手段。这个时候，关羽就成为一个信仰了。

关公精神形成的社会因素，首先与民间泛神论思想有极大关系。

当年，关羽被杀害于临沮之漳乡①，孙权把关羽的尸身留在当阳，将关羽之首级送到洛阳，交付曹操。聪明的曹操非常清楚孙权的意图，为了表示自己没有授意孙权，曹操将关羽的首级以诸侯之礼厚葬于洛阳。

且不说关羽的威名深为众人知晓，单是关羽身首异处的悲惨结局，就引起了当地百姓的同情。因此，关羽被杀之后，荆州地区就形成了规模日益庞大的关羽祭祀活动。这些活动的开展，不是在中原地区葬其首级的洛阳，而是在关羽被杀的荆楚地区，这与中国古代诸神崇拜的民族心理和荆楚文化中泛神崇拜活动密切相关。

据史料记载，荆楚地区自古以来盛行奉祀神灵，且遍布民间。

据王逸《楚辞章句》解释屈原《九歌》云：

《九歌》者，屈原之所作也。昔楚国南郢之邑，沅、湘之间，其

---

① 据《三国志·关羽传》载："权遣将逆击羽，斩羽及子平于临沮。"而《三国志·吴主传》则言："权先使朱然、潘璋断其路径，十二月，璋司马马忠获羽及其子平、都督赵累于漳乡，遂定荆州。"二传所载，一为临沮，一曰漳乡，一般认为，二地实为一处，临沮为当时南郡之属县，漳乡为临沮之属乡。但据董乐义《古当阳》考证，"漳乡"实为"章乡"之误，"漳乡"应濒临漳河，而"章乡"濒临沮河，为关羽被杀之地。详见该书《关公被杀在何处》（湖北辞书出版社2000年10月版第166页）一文。

俗信鬼而好祠。其祠，必作鼓乐以乐诸神。屈原放逐，窜伏其域，怀忧苦毒，愁思沸郁。出见俗人祭祀之礼，歌舞之乐，其词鄙陋，因为作《九歌》之曲，上陈事神之敬，下见己之冤结，托之以讽谏①。

这是说屈原作《九歌》之时，看到并借鉴了楚地民风，借祀神之乐，表达心中怨苦。在《汉书·地理志》中也有"楚地信巫鬼，重淫祀"等类似的记载。

今之学者马茂元在《楚辞选》中有更为详细的介绍：

像《九歌》这一类型的祭神乐歌之流行于楚国，并非偶然，事实上它标志着南方的文化传统，是楚国人民宗教形式的一种巫风的具体表现。所谓"巫风"，是远古人神不分的意念的残余，指以女巫主持的祭祀降神的风气。②

马茂元先生不仅解释了楚地巫风的原因，还介绍了楚风的发展：

巫风起源于远古，到了殷商时代更大大兴盛起来，所以伊尹有巫风之戒。周人重农业，崇尚笃实。开国之后，周公制礼作乐，一切祭祀典礼，都有了明白的规定，他并不否认神的存在，可是，人神之间的界限，却划分得清楚明白。因而在周所直接统治的北方，巫风渐渐衰减，但长江流域，甚至黄河南部地区，则仍然盛行着这种带有神秘色彩的宗教生活。

---

① ［宋］洪兴祖《楚辞补注》，中华书局1983年3月版，第55页。
② 马茂元《楚辞选》，人民文学出版社1958年4月版。

正如马茂元先生所说，荆楚地区因其文明较为落后，存在着远古先民遗风。这种风气影响到了后世，明显地表现在泛神崇拜方面。也就是说，在荆楚地区，不管是什么人物，只要其有一定的影响，为大多数人所知道，那么，当他死亡以后，就有可能成为民间祭祀的神灵。这种情况尤其在宋代理学思想兴起之前更是如此。所奉祀的神灵有时不仅仅是人，甚至是万事万物。在古代先民眼中，任何事物都是有灵气的，都有自己的主管神灵，"万物有灵"，或许正是体现了这一思想。

因此，关羽死后，因其生前的巨大影响而被荆楚地区民众奉为神祇，既表达了对关羽的怀念之情，又表现出了希望关羽能保佑一方平安的愿望。《当阳县志》载，孙吴杀死关羽之后，"邦人墓祭，岁以为常"。明代《义勇武安王墓记》亦云："距当阳治西五里许，旧有汉义勇武安王祠，王之墓亦在焉。王死于建安二十四年冬十月，以侯礼葬此，邑人祠而祀之，创而遂废者，不知凡几。"说明后人祭祀关羽的情况，断断续续从未间断过。

当然，在荆楚地区祭祀关羽的活动中，也有另外一种说法，认为，在该地区所祭祀的鬼神中，分为两个类别，一类为"善鬼"，一类为"恶鬼"，祭祀善鬼者叫"祀正"，祭祀恶鬼者叫"祀厉"，祭祀善鬼是为了让其保佑，而祭祀恶鬼则是为了避免恶鬼的恶行祸及民间。根据此类文献判断，关羽属于"恶鬼"之列，根据民间的推断，因其暴毙身亡，当有满身怨气，谁也招惹不得，否则将招来大祸。因此，为避祸免灾，人们便供奉起了关羽。[1]这种说法也有一定道理，在唐宋文献中还可以找到相关佐证，如范摅《云溪友议》、宋洪迈《夷坚志》都有记载。后者云：

---

① 蔡东洲等《关羽崇拜研究》，巴蜀书社 2001 年 9 月版，第 54 页。

潼州关云长庙，在州治西北隅，土人事之甚谨。偶像数十躯，其一黄衣急足，面怒而多髯，执令旗，容状可畏。①

不管是哪一种形象，关羽最初在民间享有祭祀的情况是毋庸置疑的。这种现象直到唐代以前一直没有多大变化。到北宋时期，荆楚地区已经形成了遍布江淮各地的关羽信仰了。

关羽在民间由人而神的变化、甚至由"恶鬼"到"善鬼"的转变，反映了荆楚民众对关羽的接受，在人们的心目中，关羽已经成为了人们生活中时时映现、无处不在的神灵。在荆楚大地，甚至中原民间，关羽最终成为了各方面的护佑神灵，如军队里的战斗之神、遇到灾难时的驱邪之神、保佑平安的守护之神，以及希望发财的武财神等。人们在心理上已经产生了一种敬畏之情。这就是关羽文化产生的社会心理基础。

其次，皇权统治的需要也是促成关公精神形成的重要社会原因。

当民间祭祀关羽的风气逐渐传播开来，当关羽慢慢地由历史走回人间，变得越来越高高在上的时候，统治者便看到了关羽身上所蕴藏的巨大精神财富和感召力量，从此，关羽便与皇权密切地联系到了一起。

实际上，在关羽被神化，由一个普普通通的历史人物变成一个家喻户晓的神祇的过程中，从一开始就有一种无形的力量在左右着。这种力量，就是统治者的统治目的和统治手段，可以说关羽的神化，主要是由皇权出于政治目的而有意造成的。关羽的忠义武勇，与封建的统治标准极为吻合，于是他们便大肆宣扬关羽，将关羽树立为一个楷模，号召民众效法、模仿。

满族入关之前就崇奉关羽，因为努尔哈赤就是按照《三国演义》了

---

① ［宋］洪迈《夷坚志》支甲卷第九"关王幞头"条。

解并学会打仗的，把关羽当作"战神"来崇拜。入关以后，实行杀戮只能激起汉民族的强烈反抗，自康熙以后，把政策调整为剿抚并重，充分晓以大"义"，加速完成了统一中国的进程。由于"义"起到了关键作用，关羽便被封为"忠义神武灵佑关圣大帝"，后代又将这一称号不断累加，而且关羽的作用也不断被扩大，消灾治病、驱邪避恶、诛伐叛逆、保佑平安，甚至升官发财、生儿育女，都可灵验。

关于清朝统治者对关羽的崇拜，我们看一下下面一段话：

> 本朝羁縻蒙古，实是利用《三国志》一书，当世祖之未入关也，先征服蒙古诸部，因与蒙古诸汗约为兄弟，引《三国志》桃园结义事为例，满洲自认为刘备，而以蒙古为关羽。其后入帝中原，恐蒙古之携贰焉，于是累封"忠谊神武灵佑仁勇威显护国保民精诚绥靖翊赞宣德关圣大帝"，以示遵崇蒙古之意；时以蒙古于信仰喇嘛外，所最尊奉者，厥唯关羽。二百余年，备北藩而为不侵不叛之臣，专在于此。其意亦如关羽之于刘备，服事唯谨也。[1]

关羽竟能帮助清朝统治者羁縻盟友、安定边陲，由此可见其作用之大！

从统治者对关羽在佛教之中的被利用，也可以看出他们对关羽崇拜的立场。作为外来宗教，佛教能够在中国迅速生根、发芽、开花、结果，与统治者利用宗教的思想有莫大关系。通过大量的民间传说、历史资料等可以看出，佛教从发现关羽，到吸收关羽为护法伽蓝，最终将关羽奉为佛教最高领袖，都离不开皇权或明或暗的支持，尤其是一些笃信佛教的封建皇帝，如智𫖮禅师与隋炀帝的关系，武则天对神秀的优渥礼遇等，

---

① 见孔另境《中国小说史料》引《缺名笔记》。

他们相信，对佛教的敬奉，将有助于使百姓更加顺从，尤其是关羽作为义勇双全的武将，一旦成为佛教神祇，将完全实现佛教的本土化，那么，这种本土化之后的宗教，其吸引力是惊人的。

佛教之外，道教也对关羽大加宣扬，尤其是有宋一代，宋真宗、宋徽宗在治理国家方面虽然是无计可施，但是在迷信道教上却花样迭出。也正是宋徽宗的功劳，才彻底奠定了关羽在道教中的地位。

三、关公精神形成的宗教渊源

任何一种文化现象的形成，都离不开社会思潮的影响。关公精神之所以成为一种文化现象，对社会产生巨大的作用，与历代社会思想、文化变革密切相关。其中，宗教的因素占有相当大的比重。

宗教的发展，与社会文明程度成反比，当社会进入到更高一级的层次时，有许多原来神秘的、不可理解的事物不再神秘，人们认清了其真面目时，就失去了对其顶礼膜拜的条件和动机。

虽然佛教何时来华仍然存在着诸多争议①，但我们知道，在东汉末年，佛教在中国已经蔚然成风，历经魏晋南北朝时，适逢中国历史上规模巨大的动乱。从曹魏到隋，近四百年之久，社会分多合少，生灵涂炭，民不聊生，这就给佛教留下足够的空间。佛教所宣传的苦忍今生，换取来世幸福的教义，对处于水深火热的民众来说，是一种希望，"救苦救难的菩萨"成了人们口头最常用的一句话。所以，佛教受到了下层民众的青睐。佛教来到中国，之所以在短短的时间内，就能够生根结果，与这种社会现实有很大的关系。

关羽与佛教的关系，较早的传说源于氾水关镇国寺的云游僧普净禅

---

① 一般认为，佛教传入中国为东汉明帝时，但也有不同认识，汤用彤《汉魏两晋南北朝佛教史》（北京大学出版社 1997 年 9 月版）有较为详细的考证。

师，是普净禅师的说法感悟了"显圣"的关羽，使关羽终于走向佛门，成为佛家弟子。南陈著名高僧、佛教天台宗创始人智顗禅师把关羽封为佛教护法神灵。智顗禅师凭借着与后来成为隋炀帝的晋王杨广的特殊关系，在关羽被害的玉泉山建立了规模宏大的玉泉寺，由此拉开了封建时代长达一千余年封建帝王对关羽竞相加官晋爵的序幕，把一个中国历史上的武将，变成了一个享受香火祭祀长盛千年而不衰的神灵，创造了一个影响甚为深远的宗教神话。

佛教之所以看中了关羽，而不是其他的历史英雄，原因在于关羽所具有的更为广泛的群众基础，同时，他又被皇权所用，也就是说，在官方和民间，关羽有着被共同认可的优点——勇敢、刚烈、忠诚、仗义，这才是关羽最终成为神灵的最根本原因。

与佛教重视"来世"相比，道教更注重"今生"，它以古代鬼神崇拜为基础，把追求神仙生活——逍遥自在、长生不老当作最终目的，作为宗教，它还可以为受苦受难者免灾祈福。道教的这种教义和它本身所具有的种种神秘，吸引了不少信奉者，其中，不乏封建帝王如宋真宗、宋徽宗等。与佛教一样，一旦道教与皇权结合，就会带来如日中天的发展契机。

道教"发现"关羽，是在宋徽宗当政时期。本来就笃信道教、自封"道君皇帝"的宋徽宗，在听信了道士张继先可以让关羽显圣的话语之后，便封关羽为"崇宁真君"，从此，关羽就成了道教的神灵。

由宋至清，历经千年，不管朝代如何更迭，统治者对关羽的封赠却始终没有停止过，由神而圣，由圣而王，把关羽视为保国安民的神圣，消除内忧外患的法宝。

四、文学、艺术作品对关公精神形成的巨大推动力

文学艺术作品作为社会生活的反映，非常直接地反映了社会生活的

各方面内容。任何一个历史时期的社会生活，都可以通过文学艺术作品形象地再现出来。

关公精神在形成的过程中，出现了各种各样的文学艺术作品，这些作品创作时的目的不尽相同，或是为了祭祀关羽，或是为了宣扬关羽的功德，或是为了树立关羽的高大形象，或是为了倡导关羽的忠义精神，但结果是一样的，那就是通过这些作品感染人，使人们相信关羽的力量是巨大的，是足以值得人们效仿的榜样。

当年，关羽死后，在关羽被杀的荆州地区，因为关羽死时的惨烈，很快便出现了关羽的民间传说，与后来的民间传说相比，较早期的关羽传说中，关羽是个立体化的人物形象，既有有利于百姓的一面，也有不利于百姓的另一面，使百姓出于本能的怀念或畏惧。

后来，当佛教和道教相继介入关羽神化的过程时，出现了关羽许多"显圣""显灵"的故事，这些故事政治意义更为突出。

如果说明清以前出现的关羽故事还是零星的、不完整的故事的话，那么长篇历史小说《三国演义》的诞生，则标志着历史人物通过文学艺术魅力的感染走向了新的阶段。《三国演义》通过历史故事塑造的关羽形象，远远超过了历史的影响，它所解构的忠与奸的对立、义与情的抉择、智慧与奸诈的较量，使关羽的形象兀然而立。之后，人们熟悉的《三国演义》的故事大有替代三国历史之趋势，在民间更是如此。

可以说，长期以来形成的民间传说、故事，以及后来出现的《三国演义》，是关羽形象产生的基础。与此同时，随着传说、故事以及《三国演义》影响的不断扩大，又反过来对关羽形象的普及，产生了更为重要的作用。

除文学作品之外，在传统文化中占据着重要地位的戏剧、绘画、雕塑等艺术形式，也对关羽文化的形成起着推波助澜的作用。元、明、清三代的"关戏"，甚至是长盛不衰的戏剧品种。其日渐成熟的艺术形式和独具特色的模式，在戏剧史上具有重要的地位。

绘画方面，历代都将关羽的"武将"身份置于关羽形象的首位，所以，民间往往把关羽作为家家平安的保护神，后来便出现在了过年时家家都要张贴的年画上的"门神"，关羽作为护佑平安的"门神"被广泛地接受，影响遍布民间。

此外，在关公崇拜形成于民间的同时，随着关公崇拜在全国的扩散，祭祀关羽的庙宇也出现在全国各地，庙宇中关羽的形象由最初的牌位、画像，到后

关公像（唐·吴道子）

来的塑像，使人们越来越清晰地感受到了关羽的威武英姿，从内心倍增敬畏之情，关羽的形象由庙宇、雕塑这条传播途径，逐渐在人们心目中固定，关羽庙宇文化渐次形成。而且，在古代，宗庙社稷是非常重要的事情，《左传》中曾说："国之大事，在祀与戎。"所以，关羽庙宇在关公文化的形成过程中起着非同寻常的作用。

目 录

第
一
章

早
年
时
世

1.汉末风云

东汉末年，汉王朝的统治日益腐败，土地兼并十分严重，社会矛盾极其尖锐。

在朝中，宦官专权已非一日之弊，皇帝越来越依赖宦官，而宦官依仗皇帝权威越发肆无忌惮，这就导致朝政昏暗，宦官弄权，各级官僚凭借权势巧取豪夺。各种类型的地主包括贵族、世家大族、地方豪强、富商等，无不广占田地，役使百姓，敲诈勒索。处于社会底层的广大民众饥寒交迫，不得不走向反抗斗争之路。

汉灵帝中平元年（184年）二月，张角发动起义，自称"天公将军"。张角是河北巨鹿（今河北平乡）人，一开始，张角是以太平道的名义、打着给病人治病的旗号开展活动的，他让病人像拜神一样跪拜他，有些病人偶然好了，大家竞相传开，都以为他很神奇，大家就对他顶礼膜拜，信奉不疑。张角借此广收信徒，游走四方，十余年间，信徒达到数十万，青州、徐州、幽州、冀州、荆州、扬州、兖州、豫州八州民众群

太原
太原郡
晋阳
平陶

阳泉

石家庄 真定
常山国 晋州
元氏 下曲阳
巨鹿郡 勃海郡
廮陶 南皮郡
南皮

安平国
信都
冀州

安平、甘陵人各执其王以应之

西
山
涧

襄国
邢台

平原郡
平原

清河国
临清 甘陵

霍
大
山

上党郡
长子 长治

邯郸
赵国
邯郸

聊城
聊城

卢县
济北国

端氏
阳阿

大
号
山

张角兄弟自号黄
天，三十六方

邺县
魏郡

安阳

黑
山

马元义等先收荆、扬
数万人，期会发于邺

程昱计保东阿

东阿

濮阳

淇县
朝歌

东郡
白马 濮阳

范县

河

鲁国
曲阜

获嘉 新乡

延津

太 行 山
箕关 河内郡

怀县
黄

平丘

菏泽

济阴郡
定陶
定陶

山阳郡
昌邑

丰县
丰县

洛阳
河南郡
雒阳

车裂马元义于洛阳

管城
郑州

浚仪
开封

陈留

襄邑

商丘
梁郡
睢阳

沛国
相
淮北

颍川郡
阳翟
汝州 禹州
梁县 许昌
许县

平顶山
昆阳
叶县

邵陵

汝南黄巾败太守赵谦于邵陵

陈国
淮阳
陈国

谯县
亳州

城父

宋县

汝南郡
平舆

雄县

南阳
南阳郡 宛县

张曼杀郡守褚贡，屯宛下百余日

黄巾起义

002

起呼应。追随者前后相继，充塞道路，有些人甚至变卖家产随他辗转奔波，途中病死者数以万计。

张角的信徒越来越多，他就把众人分为三十六方，大方一万余人，小方六七千人，各有将领指挥。同时，喊出了"苍天已死，黄天当立，岁在甲子，天下大吉"的口号，举起了反抗统治者的大旗。

张角领导的黄巾起义迅速席卷全国，给京师洛阳造成了巨大的震动。朝廷迅速派遣军队进行镇压，曹操、孙坚、刘备等人都参加了平定黄巾起义的行动。不久，黄巾军主力被镇压了下去。

黄巾起义严重打击了东汉王朝的腐朽统治，使本来就摇摇欲坠的东汉政权一蹶不振。各地军阀乘机而起，利用各种机会和手段巩固自己的势力，壮大实力，扩大地盘。

中平六年（189 年），汉灵帝死，十七岁的长子刘辩继立为帝，其生母何太后临朝听政，于是，在东汉一朝持续不断的外戚与宦官斗争再度燃起。何太后的哥哥、大将军何进为了一举杀尽宦官，将并州牧董卓带兵召进京城。但是，董卓还没有赶到，何进已经被宦官所杀，手握重兵又是世家大族的袁绍趁机对宦官大开杀戒，一时间，京城洛阳血雨腥风，乌云密布。袁绍杀尽专权宦官之后，带着大队人马的董卓也进驻京城，并迅速控制了皇帝，不久，又废掉少帝刘辩而立九岁的陈留王刘协为帝。

至此，东汉王朝已经名存实亡。

看到董卓把朝廷搞得乌烟瘴气，朝中不少大臣义愤填膺，其中，最有实力的是袁绍。献帝初平元年（190 年），关东州郡共同结盟，起兵讨伐董卓，推举袁绍为盟主。但是，各路军阀为了保存实力，竟然畏缩不前，当时敢于与董卓作战的，只有曹操和孙坚。不过，仅仅凭借二人当时拥有的实力，对董卓是无可奈何的。最终，董卓把洛阳宫殿一把火烧毁了之后，带着献帝逃到了西京长安。

直到献帝建安元年（196年），曹操将献帝迎接到许昌之后，朝政才逐渐得以安稳。但是，各路军阀的争斗才刚刚开始。

【链接】三国时期军队的建制

从秦代开始，为巩固和加强中央集权，中央建立了统一的军队，并由太尉（汉武帝以后称"大司马"）掌管军政事务。到战争时期，国家临时任命将军统领全国兵马，将军又有上将军、前将军、后将军、左将军、右将军等。

汉代地位最高的是大将军，其下依次有骠骑将军、车骑将军、卫将军，又有前、后、左、右将军等。将军出征时常在军中设置幕府机构，帮助将军参谋军事。除中央设置太尉（大司马）外，地方也设有掌管军事的官吏，即郡之郡尉、县之县尉。东汉末年，地方设州牧，负责州郡的行政与军事事务。

汉代军队分为京师兵、地方兵和边兵三部分。京师兵主要由郎官、卫士和守卫京师的屯兵组成。郎官由郎中令统领，卫士由卫尉统领，负责宫廷内外的警卫。负责守卫京城的屯兵由中尉统领。地方兵置于郡、县，一般由郡尉、县尉协助郡守或县令统率。征调地方兵，需以皇帝"虎符"为凭。边兵主要负责戍守边郡，由边郡郡守统领，下辖都尉和部都尉。

三国时期的军事体制基本沿袭了秦汉编制，但有所变化。

曹魏的军事大权也集中于中央，下设各将军、校尉，分领中军诸营。军队分为中军、外军和州郡兵。中军由曹氏父子以及后来的司马氏直接统辖，主要负责宫廷和京城安全。外军是派驻边境的军队。当时驻守在与蜀、吴交界地区的外军，实行屯田，亦耕亦守。州郡兵属地方统领，其任务主要是守备本州、郡，必要时也出征。

吴、蜀的军事体制大体与曹魏相同，但也有差异。如吴、蜀中央均置有中、前、左、右、后五军。吴军以舟师为主、步兵次之；蜀军以步

董卓进京

兵为主，骑兵次之。在武器装备方面，比秦汉时有所发展。相传蜀相诸葛亮曾改制成一次可发十矢的连弩，又造"木牛流马"运送物资，提高了军队的补给效率。吴国所造名为"长安"的战船，可载士兵千余人。

2.中条山色

关羽的家乡所在地河东郡解县（今山西临猗西南），位于今山西省南部中条山脉脚下。

中条山呈东北－西南走向，东面与太行山脉相连，南面濒临黄河，因山势狭长而得名。

莽莽苍苍的中条山气候温和，植被茂密，环境优美。因它东望东都洛阳，南靠黄河、函谷关和潼关，西卫西京长安，处于河南、山西、陕西的交界位置，是中原通向西北的重要通道，自古以来战略地位十分重要。

关羽出生在河东郡，最早以解为地名者指的是盐池。据《孔子三朝记》记载："黄帝在中冀斩杀蚩尤，蚩尤的四肢、头颅被四散抛弃在各地，他的血液变化为盐卤，就是后来解县的盐池，因为蚩尤的尸体被肢解，所以称这个地方为解。"古代的盐池亦称解池。春秋时期有解国，战国时被魏国吞并后，就称解地为解梁。

灵帝末年，天下大乱，尤其是黄巾起义对东汉政权造成了毁灭性打击，也给社会带来了巨大的动荡。黄巾起义的势力发展到山西，解县也遭到郭太所率领的黄巾军余部"白波贼"的袭击，郭太从西河郡（郡治离石，今属山西吕梁）白波谷起兵，转攻太原，攻破河东，发展到十余万众。受战争的影响，百姓辗转流离，衣食不安。

关羽就生长在这样一个美好的环境和动乱的岁月中。

【链接】东汉十三州

东汉时期，全国共设立十三个州，又称为"十三部"，包括雍州、豫州、

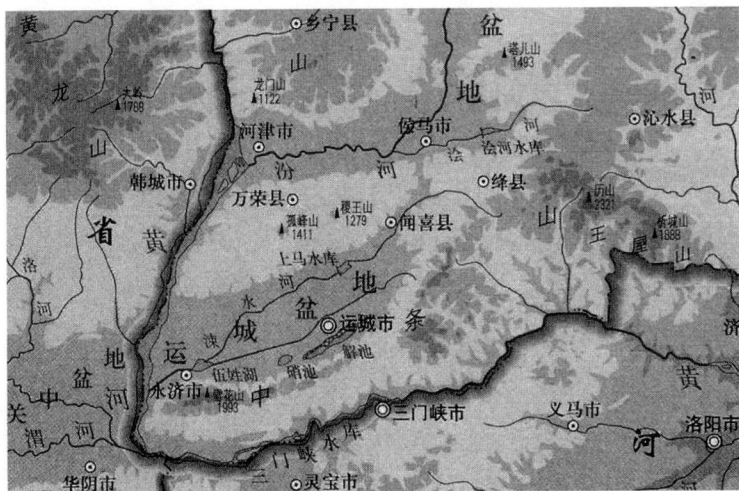

中条山地图

中条山风光

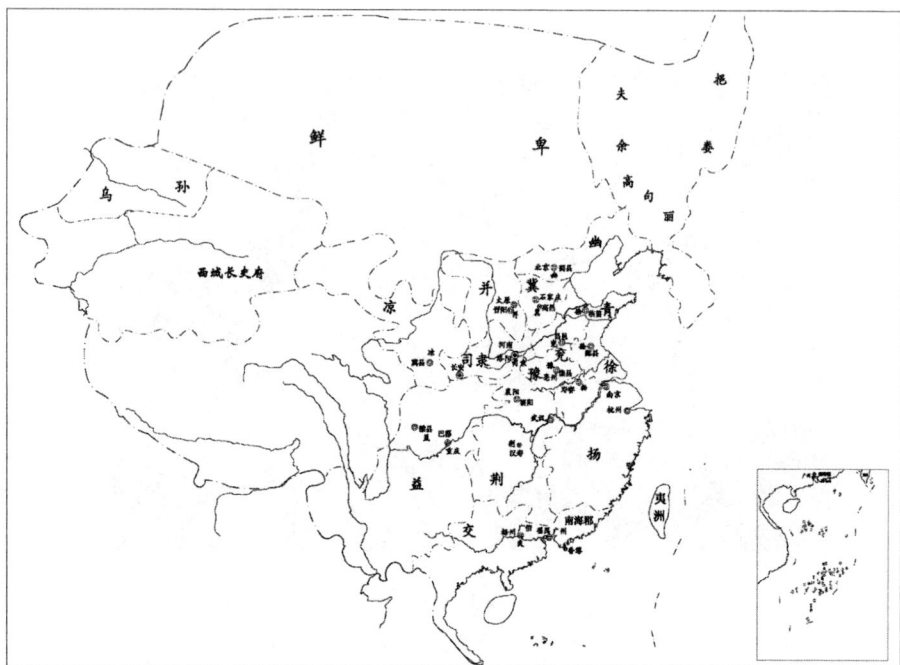

东汉十三州示意图

兖州、徐州、青州、凉州、并州、冀州、幽州、扬州、荆州、益州、交州，另有一个司隶校尉部，也称为"司州"。州一直是监察区名。州的行政长官在东汉初称为"刺史"，官阶低于各郡太守，负责监察各郡国及其下属各县事务，监督地方豪强，弹劾不法官吏。汉末灵帝时又将刺史改为州牧，州也变成了行政区，州牧由朝廷所选重臣出任，级别高于太守，职责也由单纯的行政监察转变为总揽地方大权的军政长官。曹魏时期，在缘边和重要州郡设置都督，权力又高于刺史。吴、蜀同时设置刺史和州牧。

3.儒雅世家

关羽，字云长，本字长生，生年不详。据说，当时有一个人叫范长生，活了一百三十岁，还在服侍昭烈帝刘备，关羽早年听说这个人之后，就把自己的字改为云长了，这是为了避贤者讳。

按照古代史书的惯例，在介绍历史人物时，都要在前面介绍人物的身世、祖上的名人以及他们所取得的功业。但是，在《三国志》中，关羽的身世记载得非常简单，只说他是河东解县人，并没有关羽祖先的介绍。

关羽一生跟随刘备奋勇作战，勇猛异常，取得了辉煌的战绩，甚至连史学家也称赞他"威震华夏"。三国以后，关羽的影响越来越大，尤其是唐宋以后，一直到明清时期，关羽受到统治者的普遍重视，也受到民间的共同膜拜，再加上儒释道等思想、宗教因素的作用，关羽的地位越来越高，爵位由原来的侯爵，一步步上升为公、王、帝，逐渐由历史英雄变成了一个护佑万民、无所不能的神灵，家喻户晓，人们称呼关羽也由直呼其名变成"关公""关王""关帝""关圣"。

在重视出身、门第这样一个封建传统中，关羽的出身就成了人们积极研究、探讨的内容。

经过后世尤其是清代学者的研究发现，被大家公认的关羽家世的说法大体为：

关龙逢，关羽的远祖，是夏代一个忠贞、耿直的官员，因直言进谏而被杀。

关审，字问之，号石磐，关羽的祖父，生于汉和帝永元二年（90年），居住在解梁常平村，学识渊博。因看不惯官场污浊，便"绝尘市轨迹"，洁身自好。桓帝永寿三年（157年）去世，享年六十八岁。

关毅，字道远，关羽的父亲，生卒年不详。父亲死后，关毅"结庐守墓三年"，终生未做官。

很明显，关羽祖父、父亲的名字，取自《礼记·中庸》"博学之，审问之"和《论语·泰伯》"士不可不弘毅，任重而道远"等句。从名字看，充满了浓重的儒学意味，也就是说，关羽出生于一个具有浓厚儒学思想的家庭。

同时，关羽早年的资料也有了更多的发现，大略为：

关羽，字云长，出生于汉桓帝延熹三年（160年）六月二十二日，本名长生，后更名为关羽。祖籍河东郡解县常平里（即今山西运城常平乡常平村），早年务农，长大后娶妻胡氏，灵帝光和元年（178年）五月十三日生子关平。二十三岁时，因与当地恶霸吕熊（一说为熊虎）为敌，把吕熊杀死之后不得不逃出家乡。

【链接】关羽家世的来历

关羽的家世资料史书记载简略，但是，世间所传包括关氏族谱中都记载得相当详细，其中经历了一个漫长的历史发展过程。

较早地记载关羽家世的史书是北宋欧阳修的《新唐书·宰相世系表》，欧阳修认为，关羽之"关"姓出自夏代关龙逄，这是正式将关羽家族世系明确化的开端，为以后关羽身世研究打下了基础。欧阳修还说，关羽的后代都居住在河北冀县，其后裔关播曾做过唐德宗的宰相。

关龙逄是谁呢？据历史资料记载，他是夏代一个非常正直的大臣，因直言进谏而被杀，可谓忠良之士。但是，关龙逄与关羽生活的时代相差近两千年，离欧阳修所生活的宋代时间更长，欧阳修的说法有何依据，后人不得而知。

清代，许多著名学者也参与到了关氏族谱的研究之中，严可均、钱大昕、张澍等人在梳理东汉应劭《风俗通义》时，重新认定关姓是夏代关龙逄的后代，认为较早有记载的关氏始祖是关令尹喜。这一说法影响相当大，被认为是历史上毫无疑义的事实。之后的关氏族谱基本上都采用了这种说法，如现存山西运城手抄本《关氏家谱》、乾隆二十一年（1756年）刊印的《解梁关帝志》、同治八年（1869年）木刻版《关羽族谱》、台湾 1944 年手抄本《关氏历代世系图》等。

不过，也有人对这种说法持有异议，现存上海图书馆的五种关姓家谱，即浙江杭州，广东番禺、南海、新会等地，都较为谨慎地称关氏为"汉寿亭侯之后"，山东兖州档案馆也收藏有一部关金标于民国三十年（1941年）编修的《武圣府分支关氏宗谱》。这些家谱要么勉强地把关氏与关羽联系起来，要么就不提关羽，只把宋代以后的关氏家族罗列，由此可以看出编撰者对关氏家谱所持的慎重态度。

根据各种历史资料，对于关氏族谱，得出大体上的结论：关氏始祖是夏代忠直之士关龙逄，关羽大概为其二十七世（或云三十七世）孙。关羽、关平被杀之后，关氏后人隐名埋姓避难他乡。唐代德宗宰相（实为检校尚书右仆射，相当于宰相）关播为关氏之后，贞元十三年（797 年）七十九岁卒。

在历史上，也有一些史料把关羽家族说得条理清晰，如说关羽、关平被杀后，关平之妻赵氏携带年仅八岁的儿子关樾逃到岸乡避难，并改姓为门，直到西晋灭吴后，赵氏才敢给儿子恢复关姓。清雍正十年（1732年），为了表彰关氏后人，朝廷特意确定由关樾的后裔世袭五经博士。

立于康熙十九年（1680 年）的《前将军关壮穆侯祖墓碑铭》详细记载了关羽的生平，言其出生于东汉"桓帝延熹三年（160 年）六月二十四日"，此碑现保存于山西运城常平村关帝家庙之中。但历代却有不同的说法，明崇祯二年（1629 年），在石磐沟关羽祖茔所立的《祀田碑记》和清乾隆二十一年（1756 年）编修的《关帝志》，都把关羽的出生日期说成是东汉桓帝延熹三年六月二十二日。

不过，关羽家世的相关资料，大都来自于民间，当时的清朝统治者并未轻易采信，雍正、咸丰时几次加封关羽三代的爵位，也只书爵号，不写名字，可见官方的慎重态度。

常平家庙

山西运城关帝庙

现在的常平关庙圣祖殿内，供奉着关羽的始祖忠谏公、曾祖先昭公、祖父裕昌公、父亲成忠公，以及关羽的始祖、曾祖、祖父的夫人像，为其他关庙中所未见。还有八角七层砖塔一座，相传为关羽父母亲之墓。庙南古柏苍翠，石碑林立，即为关羽的祖茔。

【链接】关羽出生、红脸的传说

关羽出生的历史资料很少，后来关羽被神化之后，人们对关羽更是满怀敬畏之心，所以，传说中就出现了许多关羽出生的故事，这些故事大都充满着神秘气息和神奇想象，比较有代表性的有关羽是真龙转世、赤帝下凡等，这些故事意在说明关羽是神灵而不是凡人。

在众多有关关羽出生的故事中，仅仅是和龙有关的故事就有关羽的前生是老龙、仙龙、海龙、火龙、草龙等诸多说法。在关羽老家解州，有一个传说，说是东汉桓帝时，解州连年大旱，庄稼颗粒无收，百姓便聚在一起，向苍天祈雨。天上的老龙不忍心看着百姓受灾，便不顾天帝禁令，降下了大雨。但是，老龙触犯禁令，天帝盛怒之下，将老龙斩首。龙首落到人间之后，被一个高德和尚发现了，和尚同情老龙，将龙首放在缸中，连续九天默默为老龙诵经。九天以后，龙首变化成了一个婴儿，降生在一个普通农家。这个婴儿就是关羽。

龙是古代神奇、威猛，又代表着正义的神灵，是中华民族远古时期的图腾，一直在传统文化中占据着重要地位。所以，关羽的出生传说和龙联系在一起，本身就说明了百姓对关羽的敬畏。

和关羽的出生相联系，在清代关公崇拜达到鼎盛的时候，关羽的姓名、红脸等也出现了很多传说。关羽的姓名本来在《三国志》中记载得非常清楚，但后来的野史材料中仍有不同说法。如清代《清音小集·卷四夜看春秋》、褚人获《坚瓠集》、梁章钜《归田琐记》等文献，都说关羽姓冯名贤，字寿长，冯贤为人豪爽，仗义执言，不畏权贵，而且还有一

山西运城关庙民众冒雨祭祀

常平家庙砖塔

身好功夫。当地有一个恶霸，欺男霸女，巧取豪夺，无恶不作。冯贤愤然将恶霸杀死，为当地百姓铲除了一大祸害，却受到官府的缉拿，冯贤不得已逃往他乡。当他逃到潼关时，追兵也追了过来，冯贤只好来到水边假装洗脸。当追兵过去之后，他突然发现自己面色通红，容颜全改。他来到关门前过关，把关者问他姓名时，他仰头看见关门，随口说道姓关，以后便一直姓关了。

4.逃难涿郡

关羽从老家河东郡解县怎么来到涿郡（郡治涿县，今河北涿州）呢？《三国志》记载是"亡命奔涿郡"，至于关羽为何"亡命"，史书并未详细记载。后世有不少传说，对关羽逃亡进行了描述。有一个流传较广的是"杀吕熊"的故事。关羽老家有一个恶霸叫吕熊（也有的说叫熊虎），欺男霸女，为害一方，无恶不作。一天，又有一个女子被吕熊霸占，关羽知道后十分气愤，当时就用青龙宝剑把吕熊杀了，然后不得不逃往他乡。

关羽逃走之后，关羽的父母为了不连累儿子，投井身亡。后人为了纪念他们，就在他们投井而死的井上，修建了一座砖塔，这座砖塔被称作"塔林"。一年四季都有从各地赶来祭祀的人们。

关羽来到涿郡的时候，遇到了后来成为生死兄弟的刘备。

刘备就是涿郡涿县人，是汉景帝之子、中山靖王刘胜的后代。刘胜是一个沉溺于酒肉声色之人，有一百二十多个儿子。他还曾经斥责他的哥哥赵王刘彭祖说："作为封国之王，就应该听听音乐，玩玩女人，不应该代替官吏处理政务。"刘胜的儿子刘贞，汉武帝时被封为涿县陆城亭侯，后失去侯位，就在涿县定居了下来。二百多年后的东汉末年，刘贞的后代刘雄，就是刘备的祖父，被举为孝廉，官职做到了东郡（郡治濮阳，今河南濮阳）的范县（今河南范县）县令。刘备的父亲叫刘弘，也在州郡做官。

刘备小时候，家道已经衰落，他只好和母亲一起以贩履织席为业，勉强维持生活。十五岁的时候，刘备与本家刘德然、辽西的公孙瓒一起，追随曾经任职过九江太守的老乡卢植。刘备胸怀大志，并长有异相，身高七尺五寸，双手下垂时能摸到膝盖，还能够看见自己的耳朵。但是，他不喜欢读书，整日声色犬马，不善言谈，为人低调，善于隐藏自己的喜怒哀乐，喜欢与豪侠交结，身边聚集了许多争相追随他的年轻人，还有不少富商也看到了刘备将来一定有出息，捐赠了很多财物。因此，刘备手下的人马越来越多。

就是在这个时候，关羽来到了涿郡，他和张飞一起紧紧跟随在刘备身边，鞍前马后，成为刘备的得力助手。

【链接】刘备的"皇叔"身份没有依据

在《三国演义》第二十回中，献帝见到刘备，听说刘备是中山靖王

河北满城中山靖王刘胜墓

的后代，就让人取宗族世谱来查看，然后令宗正卿宣读了从刘贞到刘备的各代传承，最后排出家谱辈分，说献帝刘协比刘备还低一辈，因此刘备是献帝的叔叔，称为皇叔，所以后来就称刘备为"刘皇叔"。实际上，这是小说家的虚构。

　　根据《三国志》记载，刘备是汉景帝之子、中山靖王刘胜的后代。刘胜的儿子刘贞，于汉武帝元狩六年（前117年）被封为涿县陆城亭侯，后来失去侯位（班固《汉书》认为刘贞是汉武帝元朔二年即前127年封侯，到元鼎五年即前112年免爵），就在涿县定居了下来。刘备生于汉桓帝延熹四年（161年），刘备的祖父叫刘雄，也就是说，从刘贞到刘雄，时间从西汉中期到了东汉末年，有二百多年，其间没有任何资料记载刘贞到刘雄的世系传承，刘雄是刘贞的多少代孙已经无从查考，辈分也就无

016

从排起。所以，史书也仅仅说刘备是中山靖王的后代，而没有说是第几代孙。

而汉献帝的身份记录是非常准确的，东汉王朝的建立者刘秀，是汉高祖刘邦的第九世孙，也是汉景帝的后代。从刘秀到献帝刘协，辈分排列丝毫不乱。

其实，刘备自己也很清楚自己的身世，章武元年（221年）四月，刘备称帝时，按照惯例要大赦、改元、大封群臣，还要立宗庙，祭祖宗。但是，刘备祭祀的却是刘邦以下所有汉朝皇帝，来了一个祫祭。所谓"祫祭"，就是将所有先祖合起来祭祀。所以连史学家裴松之也说：先主刘备虽说是景帝之后，但是世代久远，辈分不明，说是承继汉朝社稷，却不知哪位皇帝为始祖，也就无法建立直系先亲宗庙。当时众多贤良大臣辅佐，又有儒生在身边，要建立宗庙制度，一定要合乎礼仪典制，但是，有关刘备先祖的各种记载却付诸阙如，实在是遗憾啊。

因此，刘备是献帝"皇叔"的说法，是没有任何根据的。

第
二
章

桃
园
结
义

1.追随皇叔

灵帝中平元年（184 年），黄巾农民大起义爆发，起义风暴迅速席卷全国，统治者也从各地调集军队，对起义进行血腥的镇压。刘、关、张三兄弟便趁乱世搜罗乡勇，招募军队，参加了镇压黄巾军的战斗。

刘备率领关羽、张飞等跟随校尉邹靖讨伐黄巾起义军。这时，青州从事带领部队讨伐起义军领袖张纯，路过平原（今山东平原南）的时候，有一个人叫刘子平知道刘备是个武勇之士，就向青州从事推荐了刘备，刘备带着关羽、张飞等人参与到了讨伐黄巾军的行动中来。半路上，他们遇到了黄巾军，战斗中刘备受伤，他躺在地上装死，才躲过了黄巾军的刀剑。黄巾军过去后，刘备的一位熟人赶快用车将刘备拉走，才没有被黄巾军发现。因这次战斗有功，刘备被任命为中山国（都卢奴，今河北定县）安喜（今河北定县东）县尉。

不久，安喜县来了一位检查公务的督邮，当时朝廷有诏令，要把因军功得到官职的人罢免，而刘备就在被免之列，督邮是上级派来专门检查这项诏令的执行情况的。刘备听说后，就到督邮所居住的传舍去见督邮。当时，督邮知道刘备的目的，就借口生病不见刘备。刘备非常生气，立刻回到自己的官邸，带领手下吏卒返回到督邮住的传舍，直接闯了进去。刘备还骗大家说我是接到了上级的密令收押督邮的，进去之后，刘备就将督邮捆了起来，并将他带到县界处。然后刘备把自己的官绶取下，绑到督邮的脖子上，又将督邮捆绑到树上，一口气将督邮鞭打了二百下。刘备甚至想一直将这个督邮打死，但是督邮苦苦哀求，刘备才把他放了。刘备就这样把官职给辞了。

刘备因为怒鞭督邮而弃官亡命，此后的几年间，关羽、张飞一直与刘备形影相随，患难与共。

【链接】"怒鞭督邮"的是刘备而不是张飞

在《三国演义》中，"猛张飞怒鞭督邮"的故事非常精彩，而事实上，鞭打督邮的是刘备，而且刘备鞭打督邮的理由似乎还不那么光彩。

《三国志·先主传》裴松之注引《典略》记载：刘备做了安喜县尉后，朝廷下令，要罢免因军功被任命为官员的人，刘备也在被免之列。督邮来到县里，刘备前去面见督邮，但是督邮称病不见。刘备一气之下，带领官吏闯入督邮住所，将督邮绑在树上，把自己的印绶挂在督邮的脖子上，拿起鞭子怒鞭督邮二百下，督邮苦苦哀求，刘备才没有将他打死。

但是，《三国演义》第二回"张翼德怒鞭督邮"，却将怒鞭督邮故事放在了张飞的头上。说是督邮斥责刘备虚报军功，朝廷要罢免刘备，督邮实则是索要贿赂。张飞大怒，趁着酒劲，将督邮捆绑在马桩上，用柳条鞭打督邮，一直打断了十多枝柳条。最后，督邮哀求刘备放过他，张飞才住手。这时，关羽提议弃官归乡，三人离去。

2.生死誓言

关羽、刘备、张飞在涿郡相聚，三人的关系日渐亲密，迅速发展为至交好友，情同手足。三人中刘备年龄最长，就约定刘备是长兄，关羽是二哥，张飞是三弟。

但是，在纷繁复杂、勾心斗角、充满危险的汉末社会，仅仅有兄弟情谊是不够的，三人之间还需要有一个政治身份约束。从官职看，三人中刘备官职最大；从经历看，刘备又比关羽、张飞经历复杂，经验丰富。所以，三人的关系以刘备为核心，虽然同床共寝，恩深义重，但是，刘备是主，关羽和张飞是从，大庭广众之下，对外交往之时，刘备是君，关羽和张飞是臣。因此，关羽、张飞对刘备是"侍立终日，随先主周旋，不避艰险"。

这就是维持刘、关、张三人终生情谊的"君臣＋兄弟"关系，这种关系在长期的政治、军事斗争中十分牢固，任凭各种风吹浪打，坚如磐石。在关羽和张飞心目中，刘备这个大哥是永远的，这个君主也是永恒的，无论什么力量都不会改变。在刘备的心目中也是这样，这两个结义兄弟胜似亲生兄弟，这两个忠心耿耿的大臣，比其他任何人都重要。就君臣和兄弟关系来说，有时候，刘备心中的兄弟关系远远超出了君臣关系，或者说为了这两个兄弟，他可以把国家利益置之脑后。关羽被杀后，刘备不顾众多大臣的劝谏，更不顾孙权遣使请和的诚意，不考虑吴蜀联盟的重要意义，毅然决然率领大军向孙权发动袭击，最终导致张飞被部将杀死，自己也身死白帝城。

刘、关、张三人生死与共、历久弥坚的君臣、兄弟情谊影响巨大，所以在《三国演义》中，被演绎成"不求同年同月同日生，但求同年同月同日死"的"桃园三结义"，在历史上、文化上、民众中产生了相当重要的影响，成为传统文化中异姓兄弟结拜的重要范例。

**【链接】桃园结义是
《三国演义》的虚构**

桃园结义是人们熟知的
典故，但是，这个故事在历
史上是没有的，完全是小说
《三国演义》作者的虚构，
是作者根据历史上相传已久
的民间传说改编出来的。虽

桃园结义

然三人的关系极为亲密，相互信任，以诚相待，但是从历史资料来看，三人
的关系并不像小说中所渲染的那般动人，也没有在桃园"结义"。

据《三国志》记载，三人"寝则同床，恩若兄弟"，这是历来渲染
三人亲密关系的重要佐证，但是，史书更多地记载了三人之间的君臣关
系，说关羽、张飞对刘备是"侍立终日"，既是"侍立"，自然就不是
纯粹的兄弟关系，还说关羽、张飞"随先主周旋，不避艰险"，这就把关、
张二人作为刘备侍臣、充当马前卒的身份说得非常明白。有一次，关羽
甚至还说："我受到了刘将军厚恩，誓言与你共生死。"称呼刘备为刘
将军，可见他们之间还是有一定距离的。《三国志》在记载关羽和张飞
的关系时，也说关羽比张飞年长数岁，张飞以"兄事之"，就是把关羽
当作兄长一样看待。关羽被杀后，曹魏大臣刘晔谈到刘备和关羽的关系时，
说他们"义为君臣，恩犹父子"，用的是君臣关系和父子关系。这些资
料都说明，从刘备和关羽、张飞之间的关系来看，君臣关系高于兄弟关系。
这样的话，桃园结义所表现出来的兄弟情义，在现实中或许没有那么深厚。

桃园结义的故事很早就在民间流传了，较早的文字记载，可追溯到
元初郝经为顺天府监督重建关帝庙时写的一篇《重建庙记》，"王（关
羽）及车骑将军飞（张飞）与昭烈（刘备）为友，约为兄弟，死生一之"。

元代有杂剧《刘关张桃园三结义》，话本小说《三国志平话》都有桃园结义的故事。到了明代，小说《三国演义》的出现，不仅把桃园结义的故事演绎得相当精彩，也把桃园结义的故事推向了高峰。

顺便谈一下很多人喋喋不休的刘、关、张三人的年龄问题。在《三国志》等历史资料中，只有刘备的年龄记载最准确，刘备生于东汉桓帝延熹四年（161年），死于章武三年（即曹魏黄初四年，223年），享年六十三岁。记载关羽和张飞的年龄时说"羽年长数岁，飞兄事之"，也只是模糊地说"数岁"，关羽、张飞只有卒年而没有生年，所以，关、张二人的年龄不可考。

历史上，很多人对关、张二人的年龄问题颇费心力地进行考证。元代学者胡琦考证出，关羽生于延熹二年（159年），比刘备大两岁。清代有人考证出关羽生于延熹三年（160年），比刘备大一岁。至于张飞的年龄，有人根据后来的《关公年谱》记载，张飞比刘备小四岁。这些说法影响很大，但是因为考证者距离关羽生活的时代久远，又没有详实的依据，很难令人信服。

涿州三义宫（摄影：吴山海）

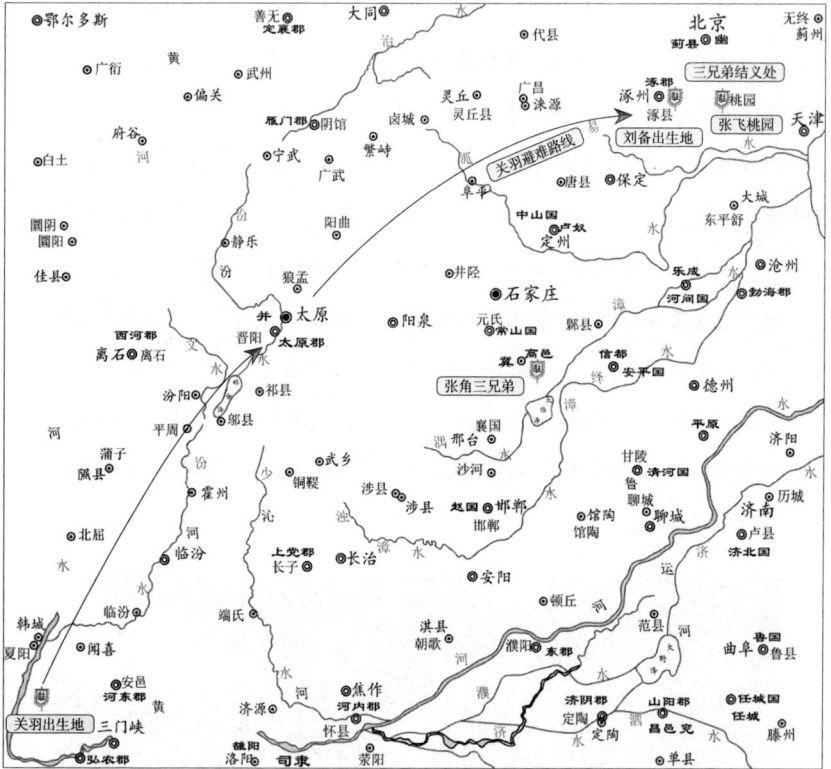

关羽逃难涿州与桃园结义

3.怒讨董卓

中平六年（189年），大将军何进派遣都尉毋丘毅到丹杨郡（郡治宛陵，今安徽宣城）招募兵士，刘备也和他一起去了，到下邳（今江苏睢宁西北）的时候，遇到了一队黄巾军，刘备奋力作战，取得军功，被任命为下密（今山东昌邑东）丞。但很快，刘备就又辞官了。不久，刘备又做了高唐（今山东高唐）尉，并由高唐尉升任高唐县令。

这时，董卓已经把京城洛阳搞得如一团乱麻，天下诸侯纷纷起兵，奋起讨伐，刘备也跟随讨董大军参与到行动中来。

刘备虽然参与了讨伐董卓的军事行动，但他的力量非常微小，他是跟随其他大军参与，而不是单独成为一路大军。

尽管这样，我们依然可以看到，关羽随刘备等人被历史的大浪裹挟、随历史潮流而动的人生轨迹。

【链接】关羽与貂蝉的传说

西施、王昭君、貂蝉、杨贵妃被称为中国古代四大美女，这四大美女中，只有貂蝉在历史上找不到任何影子，也就是说，貂蝉是《三国演义》虚构出来的美女，当然，也是文学作品中塑造出来的一个非常成功的人物形象。

貂蝉的故事最早见于元代的文人话本《三国志平话》。在宋元间的戏文中出现了许多貂蝉的故事，如《貂蝉女》（今存残篇）、《董卓戏貂蝉》（今佚）、《夺戟》（今佚）、《锦云堂美女连环计》《关云长单刀劈四寇》等，元明间还有杂剧《关大王月夜斩貂蝉》（今佚），到了明代有小说《三国志通俗演义》、弹词《三国志玉玺传》，以及《三国志大全》，明传奇《连环计》等。在这些作品中，貂蝉的故事逐渐详细、丰满。

安泽
陶氏
水
屯留
长治
壶口关
邺县
水
魏郡

长子
上党郡

林虑
林州
沁
汉
安阳
水
内黄

端氏
水
荡黑
鹤壁
山

阳城
太
行
洪县
朝歌
濮阳

王屋山
天井关
山

延津

水
白马津
东郡
濮阳

箕关
太行山

兖刺史刘岱
陈留太守张邈
广陵太守张超
东郡太守桥瑁
山阳太守袁遗
济北相鲍信与曹操

河

酸枣
延津
水
黄
济

长垣
济阳

野王
沁阳

袁绍与河内太守王匡

怀县
河内郡

乌巢泽
驻

平阴
水
小平津关

孟津

鸿

沟

开封

小黄

外黄
渠

函谷关
洛阳
雒阳
董卓
孟津
旋门关
管城
郑州
中牟
中牟
浚仪
汴
浪

陈留
开封
陈留郡

襄邑
睢县

河南
伊阙关

董卓对诸侯的包围势态

大谷关
轘辕关
登封
阳城
新郑
新郑

宜阳

陆浑关

水

阳人聚

唐姬，颍川人也

颍
阳翟

孔伷屯颍川

长葛
长社

扶沟

扶乐

圉县

颍川郡
禹州
颍

汤

河

汝

郏县
郏县
摩陂

颍阴
许昌
许县

新平

后将军袁术

鲁山
曹阳
父城

平顶山
水

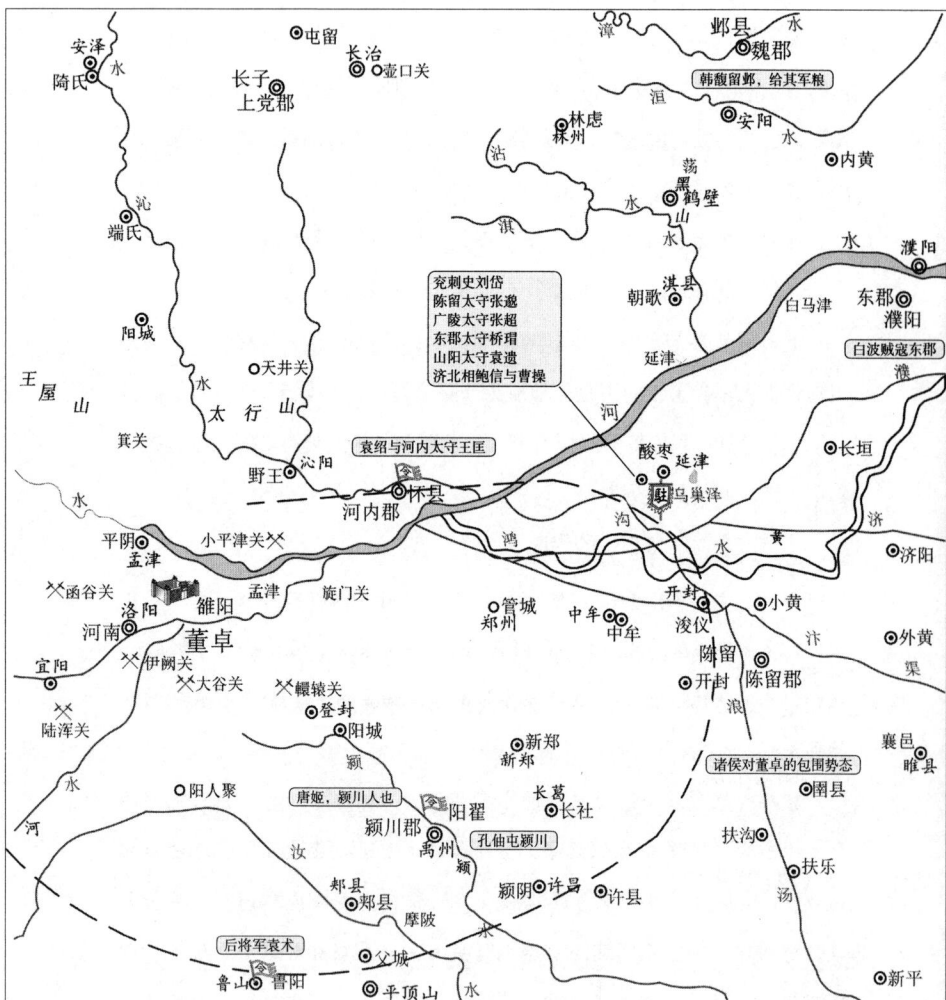

各路诸侯讨伐董卓

026

《三国志平话》载，貂蝉原是吕布之妻，姓任，小字貂蝉，因战乱与家人失散，流落到王允家中，后来因晚间烧香希望夫妻团聚而被王允发现，貂蝉只好告诉王允实情，王允利用貂蝉借吕布之手将董卓杀死。之后，吕布携貂蝉投奔徐州刘备，驻扎在小沛，终日与貂蝉饮酒作乐，不思军务。曹操攻打徐州，吕布被杀，貂蝉下落不明。到了《夺戟》中，又增加了一些内容。明人祈彪佳《远山堂曲品》著录《连环计》时说："元有《夺戟》剧，云貂蝉小字红昌，原为布配，以离乱入宫，掌貂蝉冠，故名。后仍作王司徒义女，而连环之计，红昌不知也。"在《锦云堂美女连环计》中，貂蝉自述身世更为详细："您孩儿不是这里人，是忻州木耳村人氏，任昂之女，小字红昌。因汉灵帝刷选宫女，将您孩儿取入宫中，掌貂蝉冠来，因此唤作貂蝉。灵帝将儿赐予丁建阳。当日吕布为丁建阳养子，丁建阳将您孩儿配与吕布为妻。后来黄巾贼作乱，俺夫妻二人阵上失散，不知吕布去向。您孩儿幸得落爷府中，如亲女一般看待……昨日与奶奶在看街楼上，见一行步从摆着头踏过来，那赤兔马上可正是吕布。您孩儿因此上烧香祷告，要得夫妻团圆。"《关云长单刀劈四寇》所载也大体相同。

　　貂蝉故事的结局也各有不同，大体说来有四种结局：其一，下落不明。《三国志平话》《三国志通俗演义》中均在描写吕布被杀之后，貂蝉不知所终。其二，被杀。《关大王月夜斩貂蝉》从题目上就可以看出貂蝉的结局。明代的《风月锦囊》所收《三国志大全》中，有"关羽斩貂蝉"情节，说是张飞擒获貂蝉后，将她送给关羽，貂蝉献媚于关羽，关羽不为所动，夜读《春秋》后，指责貂蝉陷害吕布，且无操守，便挥剑杀死貂蝉。弹词《三国志玉玺传》云关羽擒获貂蝉后，问貂蝉谁是天下豪杰，貂蝉赞扬了关羽和张飞而贬低了丈夫吕布，关羽说她"忘义无情非好人"，便拔剑将其杀死。其三，夫妻团圆。《锦云堂美女连环计》载，吕布刺死董卓，被封为王，貂蝉听说董卓被杀后，又回到王允府中，吕布与貂蝉终于团圆。貂蝉因美人计而彪炳史册，享尽了荣华富贵。其四，成仙。明杂剧《女豪杰》中说貂蝉被杀后得道成仙。

由此可见，貂蝉故事经过了一个从无到有、由略到详的演化过程。

4.赤兔宝马

赤兔马是关羽的坐骑，也是三国时期非常著名的良驹，它威力无穷，跟随关羽南征北战，出生入死。关羽也正是依靠了赤兔马的力量，才屡立战功。

但赤兔马最早不归关羽所有，而是吕布的战马。当年吕布与袁绍在常山（郡治元氏，今河北元氏县西北）袭击张燕，张燕有万余精兵，数千战马，吕布靠着赤兔马的帮助，与几名亲信冲锋陷阵，大破张燕的军队。所以当时人们就流传着："人中吕布，马中赤兔。"意思是说，吕布作为一名将军，勇猛、威武，是个人才；而在马中，赤兔马则是良驹好马，是精品，是最优秀的。良将宝马，相得益彰。

《三国演义》中说，赤兔马是董卓从西凉带来的宝马良驹，为了拉拢吕布，就把这匹马送给了他。这匹马跟随吕布大展神威。后来，曹操在白门楼杀了吕布，赤兔宝马也就归了曹操。在关羽暂投曹操的时候，曹操因爱惜关羽人才，将赤兔马送给了关羽。关羽接受了赤兔马，只是为了更快地找到刘备。自此以后，赤兔马就跟着关羽作战四方。当关羽败走麦城，被东吴杀害后，赤兔马又为马忠所得。赤兔马也许是因为旧主死后过于哀伤，最终绝食而亡。

【链接】赤兔马的来历

《三国志·吕布传》中说："布有良马名曰赤兔。"赤兔马即兔头的红马，其"浑身上下，火炭般赤，四蹄踏雪，无半根杂毛；从头至尾，

荆州关羽祠赤兔马

长一丈；从蹄至项，高八尺；嘶喊咆哮，有腾空入海之状"。

赤兔马出自大宛，《三国志》中说："大宛在匈奴西南，在汉正西，离汉朝大约万里。其风俗是以土地为生，耕田，种稻麦。有葡萄酒。多出良马，马出汗的时候，流出的是血红的汗水，这些马的祖先是天马的后代。"所以，赤兔马属于传说中的汗血宝马，是汗血马中的极品。

历史上关于汗血宝马的记载和传说颇有传奇色彩，说它具有无穷的持久力和耐力，可以日行千里，为了得到这样的好马，汉武帝曾两次派兵远征。公元前104年，汉武帝命李广利率领骑兵数万人，行军四千余千米，到达大宛边境城市郁城，但初战不利，未能攻下大宛国，只好退回敦煌，回来时人马只剩下十分之一二。三年后，汉武帝再次命李广利率军远征，带兵六万人，马三万匹，牛十万头，还带了两名相马专家前去大宛国。此时大宛国发生政变，与汉军议和，允许汉军自行选马，并约定以后每年大宛向汉朝选送两匹良马。汉军选良马数十匹，中等以下公母马三千匹。

经过长途跋涉，到达玉门关时仅余汗血马一千多匹。

中亚国家土库曼斯坦是目前公认的"汗血宝马"原产地。全世界现有三千多匹"汗血宝马"，其中两千多匹在土库曼斯坦。该国将"汗血宝马"视为国宝，在土库曼斯坦国徽和货币上均可看到汗血宝马的形象。

第三章

初露峥嵘

1.温酒盛威

在各路诸侯起兵讨伐董卓的时候，董卓也没有轻易束手，而是极力抵抗。

初平元年（190年）二月，董卓将献帝挟持到长安，将洛阳宫殿一把火烧了，又大肆挖掘陵墓，取走大量宝物。

在讨伐董卓暴行的过程中，《三国演义》极力渲染了关羽"温酒斩华雄"的精彩故事。刘备兄弟跟随公孙瓒参加了讨董战役。董卓部将华雄勇猛异常，令对手闻风丧胆，他先斩杀了济北相鲍信的弟弟鲍忠，又大败孙坚，杀得孙坚溃不成军。在汜水关前，华雄耀武扬威，斩杀敌将如秋风扫落叶，连续将南阳太守袁术的部将俞涉和冀州刺史韩馥的部将潘凤斩于马下。讨董联军一连串的挫败，使各路军阀胆战心惊。这个时候，只是县令刘备手下"弓马手"的关羽出场了。关羽身长九尺，威风凛凛，声如巨钟，面对袁绍的不信任，关羽愤然立下军令状。对关羽另眼相看的曹操，教人温酒一杯，让关羽饮下壮行，关羽却说回来再喝。说完，关羽飞身上马，关外鼓声大震，似天崩地裂，转眼间，关羽返回，手提华雄人头，掷于地上。这时，那杯酒还有余温。这是《三国演义》描写的关羽首战，关羽的神勇、威武，展现得淋漓尽致，"温酒斩华雄"也成为三国故事中的经典。

但是，《三国演义》描写的这个故事却严重失真。历史上，袁绍虽然身为盟主，但是对盟军既无有效的部署，更未给董卓以直接的打击，这些军阀都图谋占领地盘，扩充实力。能够力主进攻的只有少数将领，如曹操面对逡巡不前的盟军慷慨陈词，看到无人支持，曹操只好独自引兵西进，在荥阳（在今河南荥阳县东北）西南的汴水，与董卓大将徐荣遭遇，结果曹军惨败，曹操自己也还被流矢射中，依靠曹洪让给自己的战马才狼狈逃回酸枣（今河南延津县西南）。

另一个敢于攻打董卓部队的将领是长沙太守孙坚，孙坚进兵到南阳（今河南南阳），人数达到数万人。南阳太守张咨不肯供应军粮，孙坚将其斩杀。之后，孙坚带兵到鲁阳（今河南鲁山县）投靠了袁术，袁术表孙坚行破虏将军，领豫州刺史。孙坚就以鲁阳为据点，率兵讨伐董卓。在梁县（今河南临汝西）东，孙坚遇到了打败曹操的徐荣，双方交战，孙坚也失败了。孙坚又带兵绕到梁县西的阳人聚，董卓派遣大将胡轸率五千骑兵反击孙坚，还派遣吕布为骑督，但是，胡轸与吕布素有隔阂，很难合作，孙坚瞅准时机，大破敌军，将都督华雄斩首。

由此可见，在讨董战役中，曹操虽然失败了，也算是表现英勇，令人称赏。只有孙坚取得了较大胜利，称得上是"英雄"，其他诸侯都在暗中保存实力，坐山观虎斗。

这些历史真实，都被《三国演义》扭曲了，尤其是孙坚，由唯一的取胜将领变成了败将，关羽也由无名小卒变成了神威大英雄。

【链接】《三国演义》的虚实描写

历史小说名著《三国演义》的虚实描写，是指《三国演义》中有多

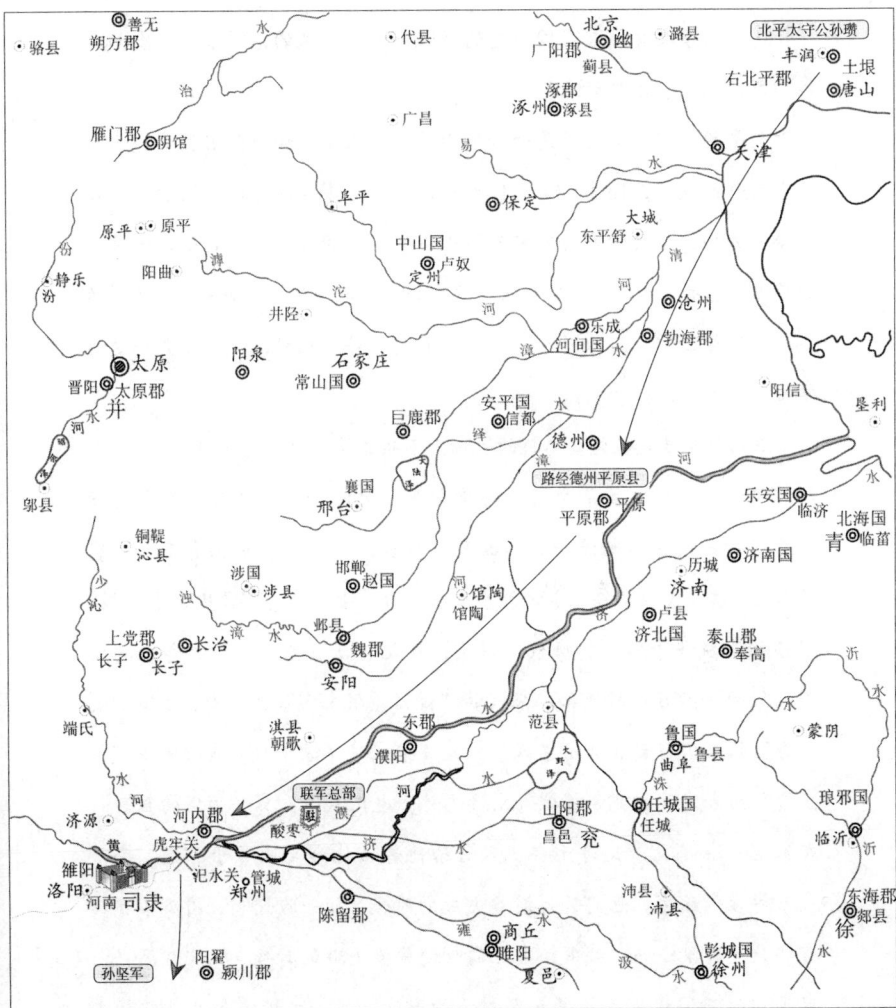

骆县　　善无
　　　　朔方郡　　　　　　代县　　　　北京　幽　蓟县
　　　　　　　　　　　　　　　广阳郡　　　　　　　　北平太守公孙瓒
　　　　　　　　　　　　　　　　　　　　　　　　丰润
　　　　　　　　　　　　广昌　　涿州　涿县　　　　右北平郡　土垠
雁门郡　阴馆　　阜平　　　　　　　　　　　　　　　唐山

原平　原平　　　　　　中山国　卢奴　　　　天津
　　　阳曲　　　　　　　定州　　东平舒　大城
静乐　井陉　　　　　　　　　　　　　　沧州
　　　　　阳泉　石家庄　巨鹿郡　安平国　勃海郡
太原　　　　常山国　　　　信都　　河间国　东成
太原郡　晋阳　　　　　　　　　　　　　德州　　路经德州平原县
　　　　　　　　　襄国　　　　　　　　　　平原
邬县　　　铜鞮　邢台　　　　　　　　平原郡　　乐安国　临济
　　　沁县　涉国　涉县　馆陶　　　　　历城　济南　北海国　临菑
上党郡　长治　邯郸　馆陶　　　　　　济南国　青
长子　长子　赵国　魏郡　　　　　卢县　泰山郡
　　　　　　　安阳　　　　　济北国　奉高
端氏　　　淇县　东郡　范县　　鲁国　蒙阴
　　　　　朝歌　濮阳　大野泽　曲阜　鲁县　琅邪国
济源　河内郡　联军总部　　　山阳郡　任城国　临沂
　　虎牢关　酸枣　　　昌邑　任城
雒阳　汜水关　管城　　　　　沛县
洛阳　司隶　郑州　陈留郡　商丘　沛县　彭城国　东海郡
河南　　　　　　　睢阳　　　徐州　郯县　徐
　　　孙坚军　阳翟　　　夏邑
　　　　颖川郡

温酒斩华雄

少是历史真实，有多少是作者虚构。要了解这个问题，首先要知道《三国演义》的故事内容是如何演变而成的。

《三国演义》是在三国历史的框架下创作出来的，对于其历史真实性问题，历来学者都有探究。

最早的三国历史著作是西晋陈寿的《三国志》和南朝宋代裴松之为此书所作的注《三国志注》，他们在记载历史事实的时候，记录了无数生动的故事，为文学家的艺术创造提供了丰富的素材。与裴松之同时代的范晔所著的《后汉书》、北宋司马光的《资治通鉴》、南宋朱熹的《通鉴纲目》等著作，又为三国史提供了大量的补充材料，使三国史料更为丰富。

三国故事就是在这些史料的基础上不断流传、逐渐完善的。

因为三国历史复杂曲折、英雄众多，所以，三国之后的两晋南北朝开始，民间就不断流传三国故事。隋代，文艺表演中已有三国内容的节目，据《大业拾遗记》记载，隋炀帝看水上杂戏，有曹操谯水击蛟、刘备檀溪跃马等内容。唐代，张飞、邓艾、诸葛亮、司马懿等人的故事已经为一般百姓所熟知。宋代的"说话（说书）"艺术中，已有"说三分"的专门科目和专业艺人。根据《东京梦华录》载，北宋时有"说三分"的专家霍四究。苏轼《东坡志林》也记载道：有个顽劣的孩子，在家里一味捣乱，父母无奈，只好给他钱让他和其他孩子一起，去听人家讲古代故事，他们听到刘备失败的时候，就一脸忧愁，眉头紧蹙，有些孩子甚至还伤心痛哭；当他们听到曹操失败的时候，就非常高兴。可见宋代三国故事已经深入人心，妇孺皆知了。可惜宋代的这些话本没有流传下来。

现存早期的三国讲史话本（即说话艺人所用的底本）有元至治年间（1321—1323年）建安虞氏刊印的《三国志平话》和内容大致相同的《三

分事略》，其故事已初具《三国演义》的轮廓，突出蜀汉一条主线，情节略本史传，有大量的民间传说。结构宏伟，故事性强，然而叙事简单，文笔粗糙，保留着"说话"的原始面貌。宋、金、元时代，三国故事被大量地搬上舞台，如《关大王独赴单刀会》《三战吕布》《隔江斗智》等。

《三国演义》成书于明代，作者罗贯中就是根据历史资料和民间故事创作出来的，一方面，作者充分运用《三国志》和裴松之注以及其他一些史籍所提供的材料，凡涉及重要历史事件的地方，均与史实相符。如黄巾起义、董卓之乱、官渡之战、赤壁之战、三分归一等历史事件，汉献帝、曹操、孙权、刘备、诸葛亮、关羽、张飞等历史人物，以及事件发生的具体时间、大部分的地点等，都是真实的。另一方面，作者又大量采录话本、戏剧、民间传说的内容，在细节处多有虚构。这些虚构有的是完全凭空想象，如三英战吕布、约三事、过五关斩六将、长坂坡大战、舌战群儒、借东风、三气周瑜、华容道等；有些则是采用移花接木的办法，对史实进行了改编，如张飞怒鞭督邮、温酒斩华雄、诛文丑、火烧博望、草船借箭、单刀赴会、空城计等；还有一些则是在原来史实的基础上进一步增饰、附会，如十八路诸侯讨伐董卓、刮骨疗毒、六出祁山、七擒孟获等。此外，作者还根据小说主题需要，对历史人物作出合乎自己思想的评价，如把曹操塑造成"奸绝"，把关羽塑造成"义绝"，把诸葛亮塑造成"智绝"，把刘备塑造成仁君等。经过这样的"虚化"处理，小说中的人物形象更加突出，思想表现更为集中，感染力更强，艺术成就更高，《三国演义》之所以被称为中国古代历史小说的顶峰，原因就在于此。

前人评价《三国演义》是"七分实事，三分虚假"，而当代研究者对"七实三虚"也有不同认识，有些学者甚至根据计算机统计结果认为，《三国演义》的虚实程度是五五对半。

知道了《三国演义》故事的来历和作者的精心加工，就能够更清楚地认识到《三国演义》虚实问题的性质。所谓"虚"，是指作者的艺术创造，也是《三国演义》极具艺术感染力的主要原因；所谓"实"，是指历史事实，这两者的完美结合，使《三国演义》成为了中国古代历史小说的典范。

2.三英风采

关羽在汜水关斩杀华雄之后，董卓又领兵二十万，与另一员大将吕布率军来到虎牢关前，安营扎寨，与各路诸侯对阵。袁绍派遣八路诸侯前往迎战，吕布英勇无敌，八路诸侯纷纷败下阵来，公孙瓒还险些丧命，关键时刻被张飞救下。然后，张飞手持丈八蛇矛，与吕布厮杀，两人酣战五十余个回合，没有分出胜负，关羽见状，打马上前，与张飞一起夹击吕布，又战了三十余个回合，仍难击退吕布。这时，刘备也紧握双股剑，挺身而出，三人将吕布围在核心，轮番攻击，在周围观看的十八路诸侯，一个个眼花缭乱、目瞪口呆，都为三兄弟的精彩表现喝彩。吕布终于抵挡不住，拨马退去。十八路诸侯趁势一齐攻杀，大败董卓部队。这就是三国故事中脍炙人口的"三英战吕布"。董卓惨败之后，被迫放弃洛阳，西保长安。

不过，这个故事也出自《三国演义》，是《三国演义》为了表现刘、关、张三兄弟的武勇和他们在讨董战役中的功绩而凭空虚构的。

这个虚构的故事，对后世的影响也十分巨大，著名的京剧《甘露寺》中，乔国老夸耀张飞时，就唱道"虎牢关前战温侯"。

虎牢关碑刻

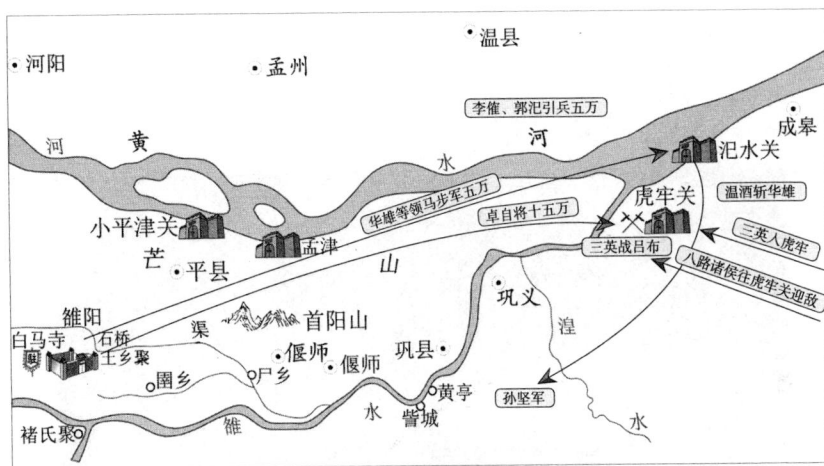

三英战吕布

【链接】《三国演义》的汜水关、虎牢关描述有误

汜水关和虎牢关是同一个地方，位于今河南省荥阳县西北的汜水镇。虎牢关是春秋时秦国在虎牢邑所置。汜水关之名是隋代始有，隋代改成皋县为汜水县，与汜水县名称同时，虎牢关被称为汜水关。也就是说，同一个地方，隋代以前叫虎牢关，唐以后叫汜水关。

《三国演义》把汜水关之名用于汉代，并分汜水关和虎牢关为两地，虽错用时间和地名，但在书中却大有用意。本来孙坚在讨董战役中立了战功，《三国演义》却说孙坚战败，并对其失败大做文章，目的是引出关羽"汜水关温酒斩华雄"，将孙坚的功劳安到了关羽头上。然后又虚构了"虎牢关三英战吕布"，对刘、关、张的战功大加颂扬。刘、关、张兄弟连续取得重大胜利之后，董卓被迫撤出洛阳，迁都长安。

而在历史上，早在190年春，亦即讨董战役尚未爆发之时，董卓已经决定迁都长安，并逼迫献帝西行，自己则留在洛阳，一年多以后，董卓抵挡不住孙坚的进攻，才撤离洛阳。也就是说，董卓迁都与刘、关、

虎牢关关庙关公像

张毫无关系。

其实，即便从小说的渲染来看，"三英战吕布"的主观意图和客观效果并不一致。主观上，作者是希望借此大战，表现刘、关、张的英勇无畏，合力对敌；而实际上，吕布以一敌三的雄风更令人称赞。刘、关、张三人先后出战，轮番出击，各个虎虎生风，威力无穷，却很难将势单力孤的吕布拿下。反观吕布，以一支方天画戟力敌三英，气概超群，武功盖世，称得上是天下第一，虽然最终退走，但丝毫不损其大将风采。这恐怕是作者始料未及的。

3.别部司马

讨董大军以失败告终，随即军阀之间相互争斗。刘备在高唐县令任上没过多久，高唐就被黄巾军攻破。刘备无奈，只好在献帝初平元年（190年），又带着关羽、张飞投奔中郎将公孙瓒，公孙瓒上表朝廷，任命刘备为别部司马。

初平二年到四年（191—193年），冀州牧袁绍与公孙瓒连续发生冲突，公孙瓒命刘备与青州刺史田楷一起抵抗袁绍的进攻。刘备屡立战功，被任命为平原相，关羽与张飞一起被任为别部司马，统领郡属军队。至此，刘备三兄弟终于有了自己的一支武装力量。

刘备曾任职别部司马，升任平原相后，关羽与张飞也一并被任命为别部司马，那么，别部司马是一个什么样的官职呢？据《后汉书·百官志》说："司马主兵"。也就是说，司马是掌管军队的官职。又说："司马所领军队有部、曲。即下设大将军营五部，每部设校尉一人，级别为比二千石。另设有军司马一人，级别为比千石。部下有曲，每曲设有军侯一人，级别为比六百石。曲下有纯（屯），设纯（屯）长一人，级别为比二百石。如果是不设置校尉的部，只设军司马一人。又有军假司马、假侯，都是司马、

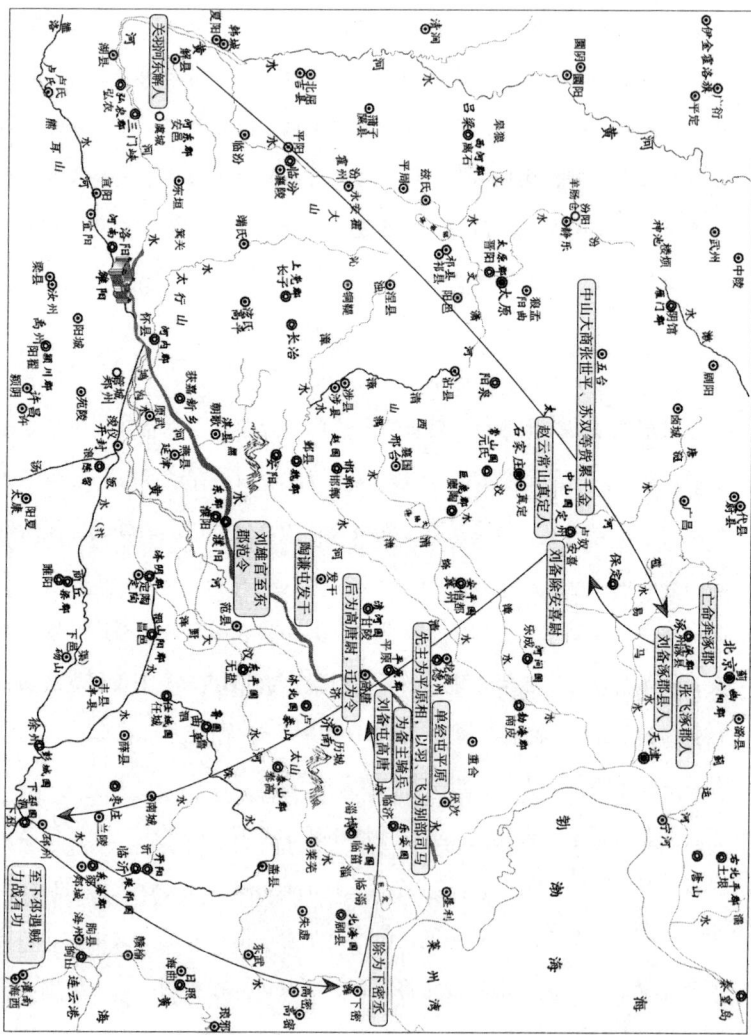

刘备起家

中山大商张世平、苏双等资累千金，
赵云常山真定人。
中山靖王之后。
卢植
关羽河东解人。
亡命东条郡。
梁广涿郡人。刘备涿县人。张飞涿郡人。天津
刘备安喜尉。
陶谦
刘焉官至东郡范令。
后为高唐尉。
先主为平原相，以相州刺史田楷拒
刘备屯高唐。
为别部司马
单经屯平原，飞为别部司马。
陈为下密丞。
至下邳退贼，力战有功。

040

侯的副职。另有一些军队归别部司马主管，所带兵力多少根据需要随时增减。"根据此处记载，"别部司马"应当是临时委任带兵打仗、无所谓职位高低的官职。大概是出于刘备做了平原相，其手下大将也应该有一个职位之考虑吧。之前刘备在任职别部司马之后，就立刻与青州刺史田楷一起领兵抵抗袁绍去了，可见别部司马所带部队有很强的机动性。

4. 立足徐州

轰轰烈烈的黄巾起义虽然很快就被镇压了下去，但是，黄巾起义力量的余威仍然不时在全国各地显现。

就在刘备任平原相之后，黄巾余部管亥对北海国（都剧，今山东寿光东南）发动袭击，北海相孔融为躲避黄巾军而迁居都昌（今山东昌邑东西），管亥步步进逼，包围了都昌。孔融忧惧，迅速派遣太史慈向刘备求救。刘备大为感动地说："孔北海竟然还知道天下有一个人叫刘备啊！"随即派遣三千兵力救援孔融，管亥看到救兵已到即刻撤退。

兴平元年（194 年），袁绍进攻公孙瓒，刘备和田楷向东退守齐地。

这时，驻守在徐州的陶谦遭到了曹操的进攻。曹操攻打陶谦是因为其父曹嵩被杀。早在这一年的春天，曹嵩带领家小避乱，结果全家被一伙乱军杀死。杀死曹嵩的人在史籍中有不同的说法，但是，曹操认定是陶谦所为，所以，带领大军先后于春、夏两次对陶谦疯狂报复，除了陶谦的部队之外，曹操还杀死了无数无辜的百姓。

看到曹操来势汹汹，陶谦十分害怕，急忙向田楷求救。田楷与刘备一道援救陶谦。这时，刘备所拥有的兵力只有一千余人，另有一部分幽州胡骑等杂牌军。救援陶谦时，刘备又沿途收编了数千名饥饿的灾民，这样，部队人数大大增加。到了徐州，陶谦又将四千丹阳兵交给刘备统率，于是，刘备便离开田楷归依陶谦。

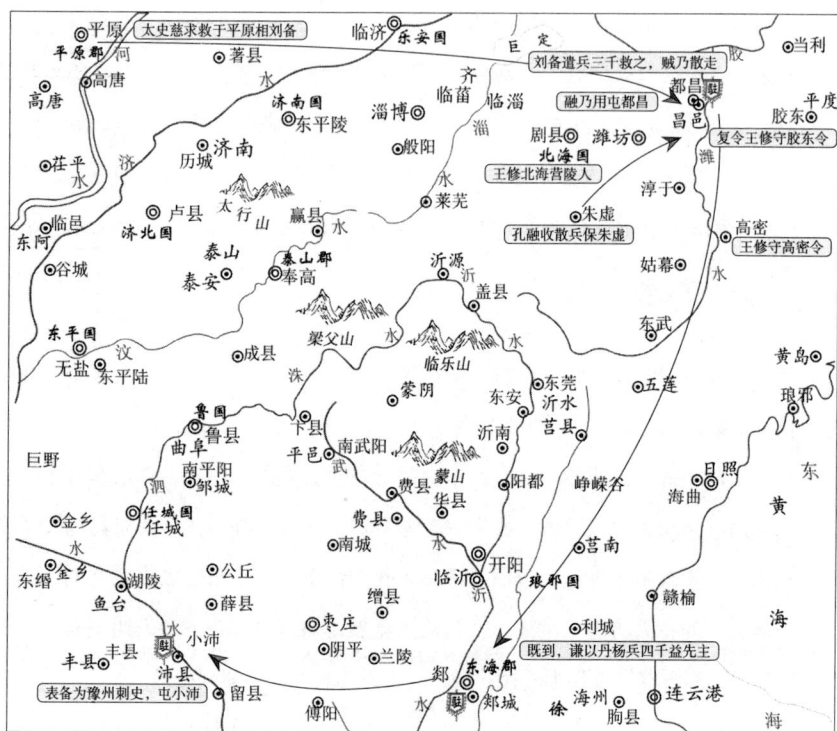

平原郡　平原
太史慈求救于平原相刘备
临济　乐安国
巨定
当利
高唐
著县
淄博
齐
临淄
刘备遣兵三千救之，贼乃散走
都昌
融乃用屯都昌
胶东
平度
莘平
临邑
济南国
历城
济南
东平陵
般阳
剧县　潍坊
北海国
王修北海营陵人
昌邑
复令王修守胶东令
淳于
高密
王修守高密令
卢县
太行山
赢县
济北国
泰山
泰安
泰山郡
奉高
莱芜
沂源
盖县
孔融收散兵保朱虚
朱虚
姑幕
东阿
谷城
东平国
无盐
东平陆
成县
梁父山
洙
临乐山
蒙阴
沂水
东安
东莞
沂水
莒县
东武
五莲
黄岛
琅邪
巨野
鲁国
曲阜　鲁县
南平阳　邹城
下县
南武阳
武
平邑
蒙山
费县　华县
阳都
峥嵘谷
日照
海曲
东
黄
金乡
任城国
任城
公丘
薛县
费县
南城
临沂
开阳
琅邪国
莒南
赣榆
利城
海
东缗　金乡
湖陵
鱼台
枣庄
阴平　兰陵
缯县
郯
东海郡
既到，谦以丹杨兵四千益先主
丰县　丰县
沛县
小沛
留县
傅阳
郯城
徐
海州　胸县
连云港
海
表备为豫州刺史，屯小沛

刘备救徐州

　　也算刘备运气好，曹操大军压境之时，没想到后院起火，驻守鄄城的部将张邈和陈宫联手背叛了曹操，投降了吕布。这一意外导致一系列连锁反应，附近各地原已归顺曹操的诸侯纷纷倒戈，响应张邈和陈宫。曹操无奈，只好放弃徐州率军返回。

　　曹操撤军，陶谦倍感轻松，于是他上表朝廷，任刘备为豫州刺史，因为当时豫州已经有郭贡为刺史，所以，刘备只能驻扎在徐州附近的小沛。

　　至此，刘备有了较为稳定的立足之地。

　　刘备被委任为豫州刺史后不久，陶谦病重。刘备深得陶谦信任，陶谦临死前对别驾糜竺说："只有刘备才能安定徐州。"别驾是州牧属下的最高长官。陶谦死后，糜竺等人立刻率领文武官员将刘备从小沛迎接到徐州，准备按照陶谦遗命，将徐州牧的职位让给刘备。

面对突然而至的喜讯，刘备并未失去理智。他深知自己在徐州立足未稳，仅仅凭借陶谦的一纸遗令，恐怕难以服众。所以，当陈登请他担任徐州牧的时候，他没有应承下来，而是推荐了当时无论军事实力还是政治地位都高于各路军阀的袁绍。陈登当即否决了刘备的提议，并进一步表示，只有刘备才是最佳人选。这时，北海相孔融也表态支持刘备。这样，刘备在众人的拥立下，就任徐州牧。

任职徐州牧，对于刘备集团的政治生涯来说是一次重大转折，标志着刘备集团由四处奔波转变为暂栖一隅，刘备终于能够和其他诸侯一样，有了政治上的一席之地。

第四章

转战中原

1.二失徐州

徐州时局的动荡，早就引起了各路诸侯的注意，所以，刘备任徐州牧之后，马上就有袁术对其发动攻击，刘备在盱眙（今江苏盱眙东北）、淮阴（今江苏淮安西南）抵挡袁术的进攻。

建安元年（196 年），曹操上表朝廷任命刘备为镇东将军，封为宜城亭侯。与此同时，刘备派遣张飞驻守下邳（今江苏睢宁西北），防守袁术，双方在淮阴石亭多次交战，互有胜负。

相持月余之后，驻守下邳的陶谦故将曹豹与张飞发生矛盾，张飞盛怒之下，欲将曹豹杀死，于是，曹豹率兵反叛刘备，他一面亲自坚守阵营，一面迅速派人招引吕布派兵来袭。吕布抓住战机，突然攻袭下邳，张飞抵挡不住，舍弃下邳败逃。刘备听说下邳丢失，急忙率兵回援，但当部队到达下邳时，吕布已经占领了下邳，刘备与吕布交战，结果战败，兵士四散而逃。刘备竭力收聚败兵，向东与袁术战于广陵（今江苏扬州），却再次惨败，不得不将残部带往海西（今江苏灌南县）。

此次交战，刘备面对的是袁术和吕布两路强大的军队，立足未稳的刘备，在交战中屡遭败绩，只得逃亡。吕布掳获刘备的妻子。

刘备败逃之后，军需匮乏，历尽艰辛。部队在广陵期间，兵士因饥饿难耐而自相残食。在这样的情形之下，刘备只好派遣使者向吕布请降。吕布答应了刘备的请求，让刘备返回徐州，并为其抗击袁术。

这时，地方武装杨奉、韩暹进攻徐州、扬州一带，刘备寻找机会对他们发动袭击，最终取得了胜利，斩杀了杨奉和韩暹。这次胜利让刘备有了筹码，他向吕布提出了讲和，吕布也

北京艺术博物馆藏清代甘夫人像

鉴于要防范更大的对手袁术，无心再周旋，便答应了刘备的要求，将刘备的妻子归还给了刘备。

吕布允许刘备返回徐州，其手下不少将领认为是养虎遗患，建议及早除掉刘备。吕布不但没有听取这些部将的建议，反而还将这些意见转告给了刘备，惊魂未定的刘备思量再三，决定委曲求全，放弃驻守徐州的念头，他派人转告吕布，请吕布允许自己驻守在小沛，吕布同意了。于是，刘备派遣关羽镇守下邳。

刘备占据小沛之后，迅速招兵买马，扩大力量，很快兵力达到一万余人。

看到刘备的力量不断壮大，吕布内心十分不安，于是他亲自带领部

队攻袭刘备。刘备大败，逃归曹操。

看到刘备前来投靠，曹操也十分高兴，任命刘备为豫州牧，并给刘备提供粮食等军需物资。

随后，刘备到小沛去收聚被打散了的士兵，曹操趁机又给刘备增加了兵力，让刘备袭击吕布。

建安三年（198 年）春，吕布派人去河内（泛指今山西、河北及河南黄河以北地区）买马，结果却被刘备的人马截获。于是，吕布派遣中郎将高顺和北地（郡治富平，今宁夏吴忠西南）太守张辽率军进攻刘备。曹操派遣夏侯惇去救援刘备，但夏侯惇被高顺击败。九月，吕布攻占小沛，刘备孤身一人逃出小沛。刘备的妻子再次被吕布掳获。

十月，曹操亲自出战，征讨吕布。刘备逃亡途中，在梁国（国都睢阳，今河南商丘南）与曹操相遇，便随同曹操一起向东袭击吕布。

十一月，曹操将吕布包围在下邳，吕布困守城中，最终被曹操活捉，吕布及其部将均被处死。刘备的妻子再次回到刘备身边。

在长期奔波中，关羽始终紧随刘备，虽然历尽艰险，关羽却仍然坚定不移。刘备得到了关羽的鼎力支持，为今后刘、关、张三兄弟的情谊与事业打下了坚实的基础。

在这次消灭吕布的战役中，当吕布被曹操大军包围在下邳的时候，吕布派遣大将秦宜禄前来向关羽求救。秦宜禄原来已经娶妻杜氏，他曾受吕布派遣到袁术处，袁术又将一个汉宗室女嫁给了秦宜禄，而杜氏就留在了下邳。

所以，当关羽见到秦宜禄的时候，关羽就想到了杜氏。关羽对曹操说，打败了吕布之后，要娶杜氏为妻。曹操想到关羽是一员大将，又是急需用人的时候，因此就答应了关羽的要求。下邳城即将被攻破的时候，关羽不放心再一次向曹操提出此事。这引起了曹操的注意，曹操认为关

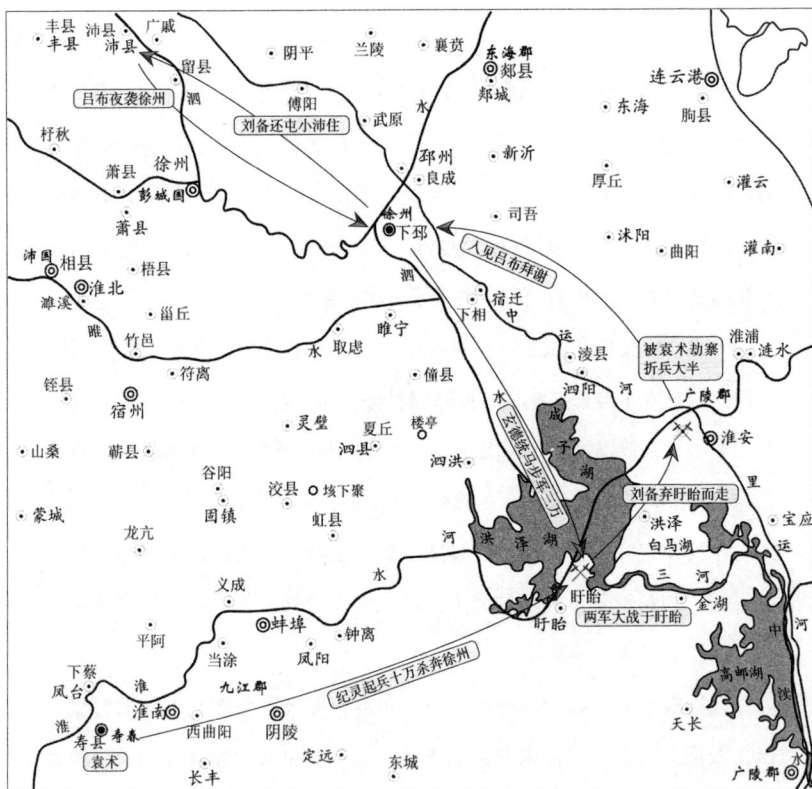

丰县 沛县 广戚
丰县 沛县
吕布夜袭徐州 留县
泗 阴平 兰陵 襄贲
傅阳 东海郡
郯县
刘备还屯小沛住 武原 郯城 连云港
沭 邳州 新沂 东海 朐县
杼秋 良成
萧县 徐州 厚丘 灌云
彭城国 徐州 司吾 沭阳 曲阳 灌南
沛国 相县
淮北 **入见吕布拜谢**
濉溪 畾丘 泗 宿迁 **被袁术劫寨**
睢 竹邑 睢宁 下相 中 **折兵大半**
铚县 取虑 运 淮浦
符离 偪县 凌县 河 广陵郡 连水
宿州 水 泗阳
山桑 蕲县 灵璧 夏丘 楼亭 成 淮安
蒙城 谷阳 浍县 埃下聚 泗县 泗洪 子 洪泽 白马湖 里
固镇 虹县 **玄德统兵三万** 白马湖 宝应
河 水 三 运
龙亢 义成 洪泽湖 河 金湖 河
平阿 蚌埠 钟离 **刘备弃盱眙而走** 中
下蔡 当涂 凤阳 盱眙 **两军大战于盱眙** 高邮湖 河
凤台 淮南 九江郡 **纪灵起兵十万杀奔徐州** 盱眙
淮 寿县 西曲阳 阴陵 天长 淡
淮 寿春 长丰 定远 东城
袁术 广陵郡
水

刘备失徐州

048

羽如此上心，这个杜氏应该长得非常漂亮。于是，在攻下下邳城之后，曹操率先让人把杜氏接了过来，并据为己有。关羽由此对曹操愤愤不平。

【链接】关羽与杜氏

关羽向曹操索要杜氏一事，在《三国志》的《蜀书·关羽传》《魏书·明帝纪》以及《华阳国志》等史籍中都有记载，内容大致相同。《华阳国志》把包围吕布的地点误为淮阳，并说秦宜禄为吕布而求救于张杨，大概是事情被关羽知道了，关羽便向曹操提出了要求。《魏书·明帝纪》裴松之注引《献帝传》记载，曹操将杜氏留下后，秦宜禄也投降了。妻子被曹操娶走，秦宜禄内心当然也十分不满，不过他没有任何办法。后来，刘备离开曹操时，张飞专门去见秦宜禄。张飞说："人家把你的妻子都夺走了，你还傻傻地在这里，跟着我们走吧！"秦宜禄便跟着他们走了。走了几里地之后，秦宜禄又后悔了想回去，张飞一气之下将秦宜禄杀死了。秦宜禄有个儿子叫秦朗，跟着他的母亲居住在曹操的后宫。曹操非常喜欢秦朗，他曾经在宴席上自豪地对宾客们说："世上有谁像我这样喜欢继子的？"

2.许田射猎

消灭了吕布，刘备随曹操到达许昌。曹操又上表任命刘备为左将军，对刘备倍加礼遇。一直跟随刘备的关羽也来到许昌。

其实，对于刘备来说，尽管一直寄人篱下，但是他却一直想着成就一番大业，所以他一直在寻找机会。而此时的曹操，已经在各路诸侯中具有了较高的政治地位和军事力量。因此，刘备对曹操可谓是羡慕嫉妒恨俱全。

关羽随刘备来到许都之后，和献帝、曹操的交往非常频繁，《三国演义》所描绘的"许田射猎"就是其中一个非常著名的故事。谋士程昱劝曹操趁着威名日盛，成就王霸之业。曹操便请献帝到许田打猎，观察动静。献帝骑着逍遥马走在前面，曹操骑着爪黄飞电马，与献帝并马而行。刘、关、张与众文武百官，远远侍从于后。打猎开始，献帝命刘备先行射猎，刘备一箭射中一只野兔。转过土坡之后，荆棘丛中现出一只大鹿，献帝连射三箭不中，便回头命曹操射杀。曹操拿过天子宝雕弓、金鈚箭，扣满一射，正中鹿背，鹿应声倒于草丛之中。远远跟在后面的文武大臣，看到鹿是被金鈚箭射中，都认为是献帝所射，于是一齐涌向前去，高呼"万岁"。这时，曹操纵马而出，走在献帝前面，接受群臣庆贺。大臣一看是曹操站在前面，都大惊失色。关羽站在刘备身后，看到这一幕异常气愤，提刀向前要斩曹操，刘备赶忙阻止。打猎完毕回到许都，关羽问刘备为什么不让他杀掉曹操，刘备说是投鼠忌器，担心杀不死曹操反而会伤害献帝。关羽极为不满地说：今天不杀曹操，日后定成祸患。

《三国演义》把许田射猎描绘成了曹操对天子权威的公然挑衅。

【链接】许田射猎：一个添枝加叶的经典故事

许田射猎的故事在历史上确实发生过，只不过，史书所载较为简略。

有一次，曹操与刘备、关羽等众人一同打猎，当大家相互散开之后，关羽劝刘备找机会杀掉曹操，刘备没有听关羽的话。后来，刘备、关羽从荆州逃往夏口，被曹操追得无处躲藏，关羽还十分生气地责备刘备，说是当年如果听了他的话，也不至于今日如此狼狈。刘备解释道："我当年也是考虑到曹操是匡扶汉室的重臣，杀了他太可惜啊。"

根据这段记载，刘备是从国家利益考虑没有让关羽杀死曹操，这种解释当然是刘备给自己找了一个冠冕堂皇的理由。裴松之就对这种说辞予以批驳，认为刘备不久之后又与董承等人合谋杀害曹操，只是事情同样没有成功，如果许田射猎时是为国家考虑，怎么很快就又与董承合谋再次谋杀曹操呢！显然刘备说的不是实话。在裴松之看来，刘备当时之所以没有同意关羽的意见，是因为事情太过匆忙，根本就没有时间考虑出一个万全之策，如果仓促之间杀了曹操，自己同样也难免一死。这才是刘备没有采纳关羽趁乱杀死曹操建议的主要原因。裴松之说得很有道理。

关羽建议刘备杀死曹操，确实是缺乏深思熟虑。这时的曹操已经不是可以轻易就能被杀死的人，更为关键的一个问题是，曹操对刘备、关羽一直很好，视为上宾，刘备好像也找不出一个充分的理由来杀死曹操。如果从国家考虑，之前的献帝被董卓及其部将带来带去，狼狈、饥饿、露宿荒野，真可谓是寝食不安。曹操"挟天子以令诸侯"之后，献帝来到许昌，献帝的生活迅速安定了下来，作为皇帝的尊严、威望也在不断提高。这一切，大家都看到了，刘备当然也十分明白。所以，他对关羽所提的建议，从内心来说也应该是反对的。

相对来说，关羽考虑问题就比较简单。

许昌射鹿台遗址

051

那么，关羽为什么会劝刘备杀死曹操呢？在《三国志》的《先主传》和《关羽传》中都很难找到答案，倒是《华阳国志·刘先主志》中，透露出了个中原因。《华阳国志·刘先主志》记载了曹操答应将秦宜禄之妻许给关羽又食言的事情后，刘备与曹操打猎，关羽想在打猎过程中杀死曹操，刘备为天下考虑没有听关羽的话，所以关羽内心常常担忧。这段故事把曹操食言和打猎联系在了一起，说明关羽要杀死曹操是因为"夺妻之恨"。

许田射猎可以看作是关羽欲向曹操报一箭之仇，而刘备还算是明智没有轻易答应他。

关羽内心的这种想法，很难被大家接受，所以，在拥刘反曹的《三国演义》中，许田射猎就有了一个很好的解释。

《三国演义》中的许田射猎，不仅舍弃了关羽因秦宜禄之妻耿耿于怀的原因，反而突出了曹操目无献帝的僭越，表现了刘备顾全大局的做法，在因果关系上更为合理，情节上更为生动、丰富。

3.兄弟失散

刘备随曹操到达许昌之后，董承等人受献帝密诏，要诛杀曹操，刘备也参与其中。虽然董承等人事情败露被杀的时候没有祸及刘备，但当曹操与刘备"煮酒论英雄"时，刘备依然吃惊不小，他深知在曹操这里已经不能久住了。

不久，袁术要去投奔袁绍，途经徐州，曹操派遣刘备与将领朱灵、路昭截杀袁术。曹操谋士郭嘉等人知道刘备并非久居人下之人，劝谏曹操不要派遣刘备带兵袭击袁术，担心刘备一去不返，但是曹操不听。其实，刘备在许昌寄居在曹操麾下，并非心甘情愿，据胡冲《吴历》记载，曹操不允许诸将私自设宴招待宾客，刘备时常谨小慎微，唯恐惹怒曹操，

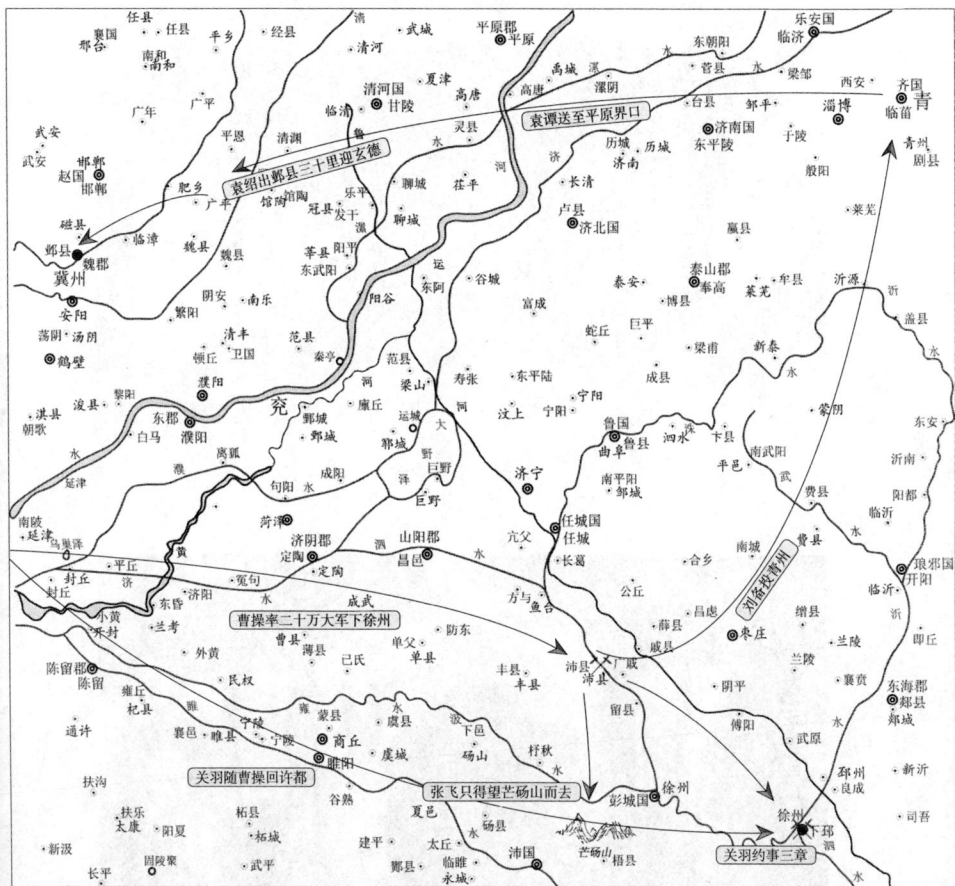

任县 襄国 郡谷 南和 甫陵 平乡 经县 清河 武城 平原郡 平原 高城 溧 东朝县 菅县 梁邹 乐安国 临济 西安 齐国 临淄 青

广年 广平 清河国 甘陵 夏津 高唐 高唐 溧阴 台县 邹平 淄博 青州 剧县

武安 武安 赵国 邯郸 邯郸 郡 肥乡 清渊 临清 灵县 聊城 荏平 历城 历城 济南 东平陵 于陵 殷阳

磁县 郡县 魏郡 冀州 临漳 广宗 馆陶 乐平 发干 聊城 运 河 长清 济南 莱芜 沂源 沂

袁绍出郡县三十里迎玄德

袁谭送至平原界口

安阳 繁阳 阴安 南乐 清丰 卫国 范县 东阿 谷城 富平 蛇丘 巨平 泰山郡 奉高 博县 梁甫 新泰 莱芜 牟县 沂 盖县 东安

菪阴 汤阴 鹤壁 顿丘 濮阳 范县 梁山 寿张 东平陆 宁阳 成县 蒙阴 沂南 阳都

淇县 浚县 朝歌 黎阳 东郡 白马 濮阳 离狐 句阳 成阳 巨野泽 巨野 大野泽 济宁 汶上 鲁国 曲阜 泗水 卞县 南武阳 武 费县 临沂 琅邪国 开阳

延津 水 南陵 延津 封泽 封丘 平丘 封丘 小黄 怀县 济 东昏 济阳 鄄城 郧城 菏泽 济阴郡 定陶 山阳郡 昌邑 方与 鱼台 公丘 昌虑 薛县 戚县 临沂 沂 东海郡 郯县 郧县

刘备弃徐州

曹操率二十万大军下徐州

陈留郡 陈留 通许 雍丘 杞县 雎 襄邑 睢阳 宁陵 商丘 蒙县 虞县 虞城 砀山 下邳 留县 傅阳 武原 襄贲 新沂 良成

关羽随曹操回许都

张飞只得望芒砀山而去

关羽约事三章

扶沟 扶乐 太康 阳夏 柘丘 柘城 建平 太丘 郯县 临雎 永城 夏邑 砀 砀山 梧县 沛国 芒砀山 彭城国 徐州 下邳 泗 水 司吾

新汲 长平 固陵聚 武平

三兄弟失散

邳州土山关帝庙

邳州土山关帝庙关帝像

所以他经常将大门紧闭，不与宾客往来。在大门之内，刘备带人在园子里种植芜菁，曹操派人暗中观察，看到刘备在种菜，便十分放心。刘备对张飞、关羽说："我并不仅仅是种菜啊，种菜只是想蒙蔽曹操。我们长时间在曹操手下，曹操一定不会放过我们，我们要赶快离开许昌。"当天夜里，刘备就带着众人从后门逃走，直接奔向小沛寻找自己的兵士去了。《吴历》的记载被史学家裴松之斥为乖僻之说，认为不符合历史事实。但这件事说明，刘备并不想长期寄人篱下，他一直在寻找机会离开曹操。因此，曹操派他带兵去阻截袁术，正中刘备下怀，刘备当然非常高兴。

但刘备等人还未与袁术交手，袁术便病死了。

于是，朱灵等人率军回许昌复命，刘备再次驻守下邳。而后，刘备又杀死徐州刺史车胄，派关羽驻守下邳，并代行徐州太守一职。自己则仍然驻守在小沛。

刘备再次回到小沛，周围不少郡县立刻背叛曹操，归附刘备，刘备短期内集结到人马数万。有了一定的实力，刘备就派人与袁绍联手，共同抵抗曹操。曹操派遣刘岱、王忠攻击刘备，但二人未能取胜。

建安五年（200年）正月，袁绍与曹操相持于官渡。看到刘岱等人未能战胜刘备，曹操便令其他将领屯兵官渡应对袁绍，自己则亲率大军征讨刘备。刘备认为曹操正在与袁绍僵持，不敢率兵到徐州来。但是，打探消息的骑兵突然告诉刘备，曹操亲自率兵来袭。刘备大惊，但他仍然不相信，自己亲自带上数十个骑兵走出城外观望，看到曹操真的兵临城下，旌旗漫天，刘备惊慌失措弃众而逃。

曹操不费吹灰之力，掳获了刘备所有人马，包括刘备的妻子。

4.土山三约

刘备败逃后，驻守下邳的关羽，也未能抵挡住曹操的进攻，兵败投降。

关羽投降曹操，实属无奈之举，当时的曹操无论是在政治影响上，还是在军事力量上，都正在迅速崛起，不但有了与一般诸侯相抗衡的实力，而且具备了与当时最大的诸侯袁绍一争高下的能力，再加上曹操所具有的政治智慧和军事谋略，使他在诸侯纷争的复杂形势下，能够游刃有余地解决各种事件。所以，尽管是在处于袁绍强大的军事压力之下，曹操依然可以抓住战机，趁刘备、关羽立足未稳之时，轻松地将他们击败。而对于刘备、关羽来说，面对曹操的袭击根本无力还击。

因此，在敌我双方力量对比明显悬殊的情况下，关羽兵败投降，本是很正常的一件事情。但是，在《三国演义》中，为了体现关羽对汉室的忠贞，将关羽塑造成了"降汉不降曹"的英雄。

《三国演义》将关羽战斗不利的原因归结为关羽中了曹操的诈败之计，结果被围在土山之上进退不得。张辽借机以老朋友的身份劝降，张辽劝关羽说，不投降便有"三罪"，投降了便有"三便"，关羽无奈只好投降。但是，关羽提出了投降的三个条件：第一，我可以投降，但是，我投降的是献帝，不是曹操；第二，要好好照顾我的两位皇嫂，一应上下人等，都不许有任何打扰；第三，我只要知道刘皇叔的去向，不管千里万里，一定告辞离开，不许阻拦。这三条缺一不可，否则我坚决不投降。

这就是所谓的"土山三约"，或者叫"约三事""约土山"，这个故事也成为后世戏剧中著名的表现关羽忠贞气节的"关戏"题材。

【链接】"土山三约"全是小说《三国演义》的虚构

在三国历史典籍中，关羽是被曹操包围后投降的，关羽无力抗衡曹操大军，无奈之下他才投降的。《三国志》里记载了大体相同的内容。《先主传》记载：建安五年，曹操东征刘备，刘备战败，曹操俘获刘备所有部属，还俘虏了刘备的妻子，擒获了关羽。说得很清楚，关羽是被"擒"。《关羽传》也说曹操擒获关羽而回，并拜关羽为偏将军，对关羽厚加礼遇。这里仍然说是被"擒"。直接说出关羽投降的是《武帝纪》，曹操东击刘备大胜，刘备大将关羽屯兵下邳，曹操继续进攻关羽，关羽投降。这几条史料都说得非常明确，而后世在关羽崇拜盛行的时候，试图将关羽失败这一"缺点"掩盖下去。在元代至治年间（1321—1323 年）刊刻的《全相三国志平话》里，出现了关羽失败之后，张辽开始劝降的情节，为关羽投降进行铺垫。到了明代《三国演义》成书时，关羽投降就变得理直气壮了。"土山三约"就是在这种背景下，为了美化关羽而虚构出来的故事。

1.春秋大义

关羽失守下邳，跟随曹操来到了许昌，曹操上表封关羽为偏将军，待之甚是礼遇。

关羽到许昌之后的事迹，史书记载甚为简略，但是在三国故事和《三国演义》中，关羽来到许昌的故事却非常多，而且有些故事已经成为关羽一生事迹中的代表性事件，如关羽形象中有文、武两面，作为"文"的代表形象，就是关羽"夜读《春秋》"。关羽赤面长髯，手持《春秋》，默默诵读，这已经成为关羽最为典型的形象。而"夜读《春秋》"的故事，就发生在许昌。

关羽到许昌之后，曹操把关羽和刘备的二位夫人安排在一起居住，关羽知道曹操用心叵测，便将居所一分为二，让二位皇嫂安居内室，自己则在外室秉烛达旦，夜读《春秋》，留下千古佳话。现存的许昌春秋楼就是按照这个故事，分东西两院。西院是蔚为壮观的春秋楼和高大英武的关羽塑像，东院是二位皇嫂的居室，院内流水潺潺，花木葱茏，别有情趣。

洛阳关林关羽夜观《春秋》像

曹操看到关羽品行端庄，志节凛然，从内心更加佩服，不仅在大宴群臣的聚会上，将关羽安排在上座，还三日一小宴、五日一大宴地招待关羽，并将许多的珠宝绫罗送给他，以表达自己的敬佩之情，甚至还送给关羽美女十人，让她们侍奉关羽。关羽内心却一直想着刘备，并不把曹操的特殊关照放在心上。所以，他把这些宝物全都交给了二位皇嫂收管，把这些美女也打发到二位皇嫂身边服侍。

关羽的这种凛然大义，和他对刘备的耿耿忠心，成为后世关公文化的核心内容，不少作者依此编撰戏曲、小说等文学作品来宣扬关羽。

【链接】各地春秋楼

关羽手捧书卷，夜读《春秋》，已经成为关羽形象的重要标志，也是关公文化的重要组成部分。因此，各地建造的关庙中，有不少专门建有关羽阅读《春秋》的"春秋楼"，主要的有河南许昌春秋楼、山西解州关帝庙春秋楼等。

河南许昌春秋楼，位于许昌市老城区，属明清风格的古建筑群，历史上曾称之为"关公宅""武安王庙""关王庙""两院英风"庙、"关夫子祠"及"关帝庙"等。

许昌春秋楼，始建于元代至元年间（1335—1340年），屡经毁建，经过元、明、清各时期多次修葺，现为一宅两院格局，分为内外两院。外院为主体建筑，沿中轴线依次建有山门、春秋楼、关圣殿等。其中，春秋楼就是相传关羽夜读《春秋》的地方。关圣殿高达三十三米，内有关公像高十五米，充分展现了关羽作为武圣人的威严。春秋楼的西邻是文庙，文庙与武庙并立，文圣与武圣共祀，彰显了文武二圣在人们心目中的共同地位。

内院传说是当年刘备甘、糜二夫人休息的宅院，塑有二位夫人蜡像。院内亭台楼阁错落有致。

坐落于许昌闹市中心的春秋楼

山西解州关帝庙春秋楼，位于山西运城市解州镇，又名"麟经阁"，始建于明代万历年间，清代同治九年（1870年）重修。

春秋楼是解州关帝庙的主要建筑，高三十三米，属于二层三檐歇山式建筑。上下两层均有回廊四周相通，檐下木雕精美，玲珑剔透。第一层有木制隔扇一百零八面，传说是象征历史上山西一百零八个县。世传春秋楼有三绝：第一绝，上层回廊的廊柱，矗立在下层垂莲柱上，垂柱悬空，内设搭牵挑承，给人以悬空之感；第二绝，二层神龛暖阁正中有关羽夜读《春秋》塑像，在阁子板壁上，正楷刻有《春秋》原文；第三绝，据说楼当顶，正对着北斗七星位置。

湖北荆州春秋阁，位于湖北省荆州市沙市区，原在金龙寺内，始建于清嘉庆十一年（1806年），后金龙寺毁于大火，而春秋阁安然无恙。

春秋阁重建于 1934 年，阁楼高十三米，面积两千平方米，建在高大厚实的台阶之上，面阔三间，分上下两层，上为阁，下为室。

阁楼内供奉着关羽读《春秋》塑像，生动传神，还悬挂有"三英大战吕布"等画作和名家所撰写的楹联。阁楼南面草坪上塑有关公赤兔马。

山西太原大关帝庙春秋楼，位于太原市中心的庙前街，始建于宋代，金、元时期曾多次毁建，现存庙宇为明代建筑。据《阳曲县志》记载，明代太原府内有二十七座关帝庙，庙前街的关帝庙是规模最大的一座，故称"大关帝庙"。庙坐北朝南，前后二进院落，沿中轴线建有山门、崇宁殿、春秋楼等。

春秋楼坐落于大关帝庙后院，是后院主体建筑，为二层楼阁，平面呈方形，重檐歇山筒瓦顶，琉璃瓦剪边，上、下层前檐均设廊，两侧与左右厢房、客堂楼阁相连。一楼为关公戎装坐像，左右是关平和周仓，一个捧印，一个执刀，神态威武。二楼塑有关羽夜读《春秋》坐像一尊，关羽右手扶案，左手拈须，神态专注，端庄威严。

河南社旗春秋楼，位于河南省南阳市社旗县山陕会馆内，又名"大节亭""节义亭"。始建于清乾隆二十年（1755 年），竣工于乾隆四十七年（1782 年）。据馆藏乾隆四十七年《创建春秋楼碑记》记载，春秋楼是山陕商贾募资创立山陕会馆时，为弘扬关公忠义精神而建。

社旗县山陕会馆被称为"天下第一会馆"，春秋楼是山陕会馆主院内最后一进建筑，下建重层台基，台基地面以斗方青白石块交错铺砌，前面分设左、中、右三踏道，阶周设雕花石栏板及蟠龙望柱。春秋楼由主殿、卷棚、左右配殿、东西廊房组成。主殿进深三十九米，宽二十米，高三十七米，由四十八根擎天大柱撑起，高耸入云，巍然屹立。

楼内供奉着关羽夜读《春秋》像。

咸丰七年（1857 年）八月，捻军攻入社旗镇，部分豪绅凭借山陕会

山西解州关帝庙春秋楼

山西太原大关帝庙春秋楼（摄影：关富强）

馆春秋楼抵抗，春秋楼被捻军焚毁，大火连续烧了七天七夜，九十里外的南阳府都能看到烟火。2005年，社旗各界筹资在春秋楼遗址上重建了关公读《春秋》铜像。

2.儒将风采

关羽不仅具有武将风采，也同时具有儒雅风范。

"先武穆而神，大汉千古，大宋千古；后文宣而圣，山东一人，山西一人。"这副对联的上联，将关羽和宋代的岳飞相提并论，赞颂了关羽的武勇，下联将关羽与孔子相比，肯定了关羽与孔子一样的圣人地位。这就是从"武"和"文"两个方面来评价关羽的。

关羽的儒雅形象主要是通过关羽"夜读《春秋》"的故事塑造出来的，烛光下侧身而坐的关羽，左手微抚长髯，右手轻握书卷，默默诵读，神态淡然。这个形象也成为了关羽儒雅特征的典型代表，世人借此美化关羽，将关羽的形象定型化。这种形象给人一种印象，即关羽文武两全，战场上威风八面、虎啸雷鸣，烛光下深思熟虑、运筹帷幄。

关羽的儒将风采是有历史依据的，《三国志·关羽传》裴松之注引的《江表传》记载，关羽平时十分喜爱《左氏传》，而且"讽诵略皆上口"。意思是说，关羽对《左氏传》熟稔于心，出口成章。

《左氏传》即《春秋左氏传》，亦即《春秋》，是汉代经学的重要内容之一，也是国家政治生活中统治者制定法律、制度、礼仪的重要依据，对后世经学思想影响极大。由于历朝统治者对经学都极为重视，积极倡导，东汉时期，学经之人亦即经生人数众多，导致整个社会形成了一种极为浓厚的学习经学、研究经学、应用经学的风气，清代经学家皮锡瑞说东汉是经学的极盛期是有道理的。

从史书来看，汉代人们阅读经学包括《春秋》等的记载俯拾皆是，今从《三国志》的记载来看也有不少。如《魏书·李典传》说李典自幼好学，不喜欢兵事，就跟着老师读《春秋左氏传》，博观群书。《钟会传》说钟会的母亲要求极严，钟会四岁就开始学习《孝经》，七岁诵《论语》，八岁诵《诗经》，十岁诵《尚书》，十一岁诵《易经》，十二岁诵《春秋左氏传》《国语》，十三岁诵《周礼》《礼记》，十四岁诵成侯《易记》，十五岁就让他进入太学学习四方奇文异训。《蜀书·来敏传》载来敏广泛涉猎各种书籍，善《春秋左氏传》。《蜀书·孟光传》说孟光博物识古，无书不览，擅长汉家旧典，喜好《春秋公羊传》而讥《左氏传》，还经常与来敏争论经义。《吴书·孙权传》说沈珩自幼综习经艺，尤善《春秋内、外传》。《吴书·张昭传》载张昭幼年好学，善隶书，跟随白侯子安受《春秋左氏传》，博览众书。

这些记载说明汉代人们阅读经学的风气极其浓厚，阅读《春秋》等经典是普遍的事，关羽也正是在这种社会风气之下阅读《春秋》的。只不过，在《三国演义》等三国故事中，结合《春秋》更为深厚的文化内涵，

许昌春秋楼关羽夜读《春秋》像

赋予了关羽阅读《春秋》更多的道德价值，把关羽塑造成了完全符合以《春秋》内涵为标准的儒家忠孝节义的典范，如桃园结义、千里走单骑体现了关羽的兄弟情义；对二位皇嫂的保护与礼敬，表现了关羽对刘备的忠义和对传统礼仪的恪守；华容释曹展示了关羽知恩必报的君子之风；挂印封金体现了关羽不为名利所动的气节等。这些宝贵的忠义节操、高尚的道德品质，都和关羽所接受的《春秋》思想有关，关羽之所以被称为"武圣"，也是以这些德行为基础的。因此，《三国演义》用一首诗赞赏关羽说："汉末才无敌，云长独出群。神威能奋武，儒雅更知文。天日心如镜，《春秋》义薄云。昭然垂万古，不止冠三分。"

3.斩杀颜良

随着力量的不断壮大，曹操的对手越来越少，到最后能够在中原地区与曹操抗衡的，主要是袁绍。袁绍也把曹操看作是主要对手，双方大战一触即发。

这个阶段，尽管曹操在政治上占据主动，但是袁绍的军事实力仍然远远大于曹操。所以，为避免与袁绍直接交锋，曹操一直小心翼翼。早在建安元年（196年）的时候，献帝封袁绍为邺侯，曹操自封为大将军，但袁绍以位置低于曹操而拒绝受封，曹操当即将大将军的职位让给袁绍，并让袁绍兼任冀、青、幽、并四州都督。后来，袁绍因担心曹操依仗献帝名义壮大实力，建议曹操将献帝由许昌迁至鄄城（今山东鄄城），遭到曹操拒绝，双方矛盾激化。从建安四年（199年）开始，袁绍便着手部署消灭曹操的计划，以审配、逢纪统军事，以田丰、荀谌及许攸为谋主，以颜良、文丑为将帅，寻找机会袭击许都。

建安五年（200年）正月，曹操进攻徐州刘备的时候，田丰建议袁绍趁机迅速攻占许都，但是袁绍以儿子有病为由未予采纳，错失良机。

淇水

淇

清

淇县
朝歌 ◎

汲县 ◎

修武 ◎

获嘉 新乡 ◎

命鲜于辅督幽州六郡

阎柔为乌桓校尉，
鲜于辅还镇幽土

于禁死守延津

延津

袁绍追至延津南

河

敖仓

故市
荥阳 ◎

管城
郑州 ◎

绍遣韩荀抄断西道

原武 ◎

原阳
阳武

袁绍军防线

鸿 沟 水

曹操军防线

中牟 ◎ 官渡
中牟

公还军官渡

鸡洛山
曹仁大破韩荀于鸡洛山

斩颜良文丑

黎阳 ◎
浚县 ◎

白马津
刘延 ◎ 白马

关羽策马刺颜良于万众之中

关羽奔刘备

徙其民循河而西

南陂

遂纵兵击大破之，斩文丑

延津 ◎
酸枣 ◎

乌巢泽

濮

阴

袁绍进保阳武

开封 ◎
浚仪

水

濮阳 ◎

东郡 ◎
濮阳

长垣 ◎

河

封丘 ◎
封丘

黄 济

沟

水

兰考 ◎

汴

外黄 ◎

陈留 ◎

陈留郡

渠

068

二月，袁绍派大将郭图、淳于琼、颜良等进攻东郡（郡治濮阳，今河南濮阳）太守刘延于白马（今河南滑县东），袁绍也领兵到达黎阳津（今河南浚县东南古黄河上），准备渡过黄河。

四月，曹操救援刘延，在敌众我寡的情势之下，曹操听从了谋士荀攸的建议，兵分两路：一路伪装渡河，吸引袁绍兵力；另一路乘机进攻白马。袁绍看到曹军要渡河，迅速调动兵力阻击。曹操见袁绍上当，立刻亲率大军突袭颜良。在距离颜良军营不足十里的地方，颜良才发现曹军。惊慌之余，颜良仓促应战，曹操命令张辽及关羽为前锋，关羽在万敌之中，英勇异常，奋勇拼杀，袁军无不退让。关羽远远望见颜良旌旗车马，立刻冲上前去，冲破层层敌阵，挥手将颜良斩杀。颜良手下将领，面对关羽的横冲直撞，束手无策。颜良被杀，包围白马的袁军顿时溃败，曹军取得了一次重大胜利。

这次战役是曹操与袁绍的首次交战，因为双方实力悬殊，因此这次胜利对于鼓舞曹军士气起到了关键作用。同时，这也是关羽首次取得的重要战功，为关羽成为三国著名武将奠定了重要基础。因白马解围有功，曹操上表封关羽为汉寿亭侯。

白马之战，实力强大的袁军遭遇失败大将颜良被杀，袁绍极为愤怒，他迅速渡过黄河追赶曹军，把军队驻扎在延津南。曹操也将部队驻扎在南阪，与袁军对峙。曹操站在营垒向远处瞭望，只见袁军骑兵及步兵源源不断地向曹军聚集。曹操大胆采用诱敌深入的计策，令将士解鞍下马，把辎重、马匹放在路边。曹军不少将士担心一旦遭到攻击，将会措手不及，导致全军覆灭，而曹操却胸有成竹。

这时，袁绍另一员大将文丑与刘备一起率领五六千骑兵蜂拥而至，而且后续部队还在不断地增加。曹操看到袁军部分人员跑去争抢曹军放置在路边诱惑敌人的辎重，立刻下令将士迅速上马出击。尽管曹军只有六百骑兵，但是，正在争抢辎重的袁军没有丝毫准备，遭到曹军突袭之后，顷刻间溃不成军，大将文丑被杀，曹军再次大获全胜。取胜之后，曹操还军官渡驻守，袁绍继续南下进逼，驻守在阳武（今河南原阳东南）。

颜良和文丑都是袁绍大将，短时间内曹、袁两次交手，二将相继被杀，袁军极为震惊。

这两次战役为接踵而至的袁、曹最后决战埋下了伏笔，在八月到十一月进行的官渡之战中，曹操最终以少胜多，彻底击败了袁绍，为统一北方扫清了障碍。

【链接】文丑不是被关羽诛杀的

关羽斩杀颜良之后，曹操为他铸了汉寿亭侯印，在要送给关羽的时候，突然得到了袁绍另一员大将文丑领兵来战的消息，曹操即刻安排人马应战。文丑中曹操诱敌之计，挺身独战。军士自相践踏，文丑止遏不住，只得拨马回走。张辽急追，文丑射中张辽战马，张辽落地。徐晃见状，轮起大斧，截住文丑厮杀，文丑后面军马齐到，徐晃只得打马返回，文丑沿河追赶。正在这关键时刻，突然见关羽带领十余骑兵，提刀飞马而来，与文丑交战。文丑心怯，拨马绕河而走。关羽马快，赶上文丑，脑后一刀，将文丑斩下马来。曹操大获全胜。

这段惊心动魄的描写，就是关羽诛文丑的过程。当然，这段描写来自于《三国演义》。

历史上，文丑不是被关羽杀的，而是被曹操乱军杀死，但是在后来关公崇拜的过程中，很多三国故事、三国戏剧都把文丑之死说成是被关羽所杀，为关羽平添了一件大功。

4.挂印封金

关羽斩杀颜良之后，立下了大功，曹操非常高兴，也更加敬佩关羽的武略，为得到关羽这员大将感到自豪。但是，曹操也非常清楚，关羽的心思在刘备身上，迟早他是要走的。因此，为了尽最大可能让关羽留下来，曹操费尽了心机，给关羽赠送丰厚的礼物，给他安排合适的职位、爵位，甚至对他言听计从。

但是，关羽一心想着刘备，虽然也很感谢曹操给予自己的各种礼遇，却始终没有一点留下来辅佐曹操的想法，这让求贤若渴的曹操内心充满了无限的焦虑与惆怅。

早在解白马之围之前，曹操让部将张辽去试探一下关羽的真实想法，因为张辽是关羽的好朋友，关羽应该会跟张辽道出实情，曹操想了解一下关羽到底是怎么想的，看看有没有可能留下来。

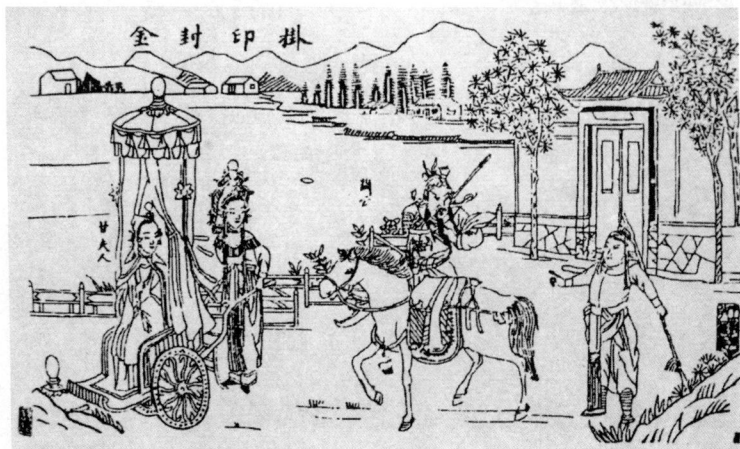

挂印封金（清·天津杨柳青年画）

许昌灞陵桥关帝庙匾额

许昌灞陵桥关公塑像

张辽跟关羽说到此事时，关羽颇有感慨地说："我非常清楚曹公对我的好，但是，刘将军对我的恩情更厚，我们曾经发誓同生共死，不得背叛。我最终是要走的，不过为了感谢曹公的大恩，我会等到报答曹公以后再离开。"

　　了解到了关羽的真实想法后，张辽内心十分忧虑，想把此话转述给曹操，害怕曹操一气之下杀掉关羽；不跟曹操说，又感觉对不起曹操，也不是为臣之道。经过慎重考虑，张辽认为曹操和自己的关系是君臣、父子的关系，而与关羽的关系是兄弟关系，"兄弟"关系最终未能大于"君父"关系，所以他还是把关羽的话如实转述给了曹操。张辽的内心情感是很真实的，一个是情同手足的兄弟，一个是不能违抗的君主，为兄弟担心是正常心理，为君主尽职尽责也是自己的天职，最终张辽还是舍弃弟兄感情而以国事为重，这是很正确的。

　　令张辽没有想到的是，曹操也深明大义，不但不怪罪关羽，反而还很赞赏关羽的为人，认为关羽是一个极为讲义气的人。曹操说："关羽事君不忘其本，是天下义士啊。"于是，为了嘉奖关羽的人品，也为了显现自己的诚意，曹操屡屡对关羽厚加赏赐。

　　关羽所谓的报效曹操，就体现在斩杀颜良、为曹操解白马之围这次战役中。

　　因此，解白马之围后，关羽终于有了刘备的消息，知道刘备在袁绍军中，便毅然决然辞别曹操，到河北去追寻刘备。

　　关羽与曹操的这段故事，突出了曹操与关羽二人的"情"与"义"，表现了二人性格的不同侧面，颇富传奇色彩，因此传说甚多。总而言之，曹操爱惜关羽之才；关羽感于曹操之恩，同时又信守刘备之义。情与义在二人身上体现得异常完美。

尽管曹操赏赐关羽极多，但是关羽并不是一个爱财之人。相反，他的凛然气质和耿耿风骨，使他把人格和志向看得远比钱财重要，所以临走时，他把曹操赏赐给他的所有礼物封存起来，连同自己的官印，全部还给了曹操。

千里寻兄　第六章

1.灞陵挑袍

得知刘备的下落之后，关羽毫不犹豫地辞别曹操。关羽走时并没有面见曹操，而是给曹操留下了一封书信，就直奔袁绍大营而去。

看到关羽离去，曹操手下想把他追回来，但是曹操阻止了他们。曹操说："这是各为其主，别追了。"曹操虽爱惜关羽人才，但他也很清楚强扭的瓜不甜，因此虽弃之可惜，却也落得个爱才如金的美名。

曹操的做法得到了后世史学家的好评。南朝宋代裴松之在《三国志注》中就说："曹公知道关羽留不下来，虽然遗憾，但内心却非常赞赏关羽这种做法。他不把关羽追回来就是为了成就关羽的大义，如果没有王者的胸怀与气魄，谁能够做到这样呢！这种行为才真正是曹公最了不起的人格所在。"裴松之认为，曹操是在成就关羽的义名，这也正是后人大肆渲染关羽之义的关键。卢弼《三国志集解》引述唐庚的话说：关羽被曹操厚待，却不忘其君主，可以称作贤人了，然而战国时期的士人也能做到这一点；曹公得到关羽之后，没有杀掉他，而是厚待他，发挥他的作用，也可以称得上是贤君了，然而战国时期的国君也能够做到这一点；至于关羽一定要报效曹公之后，还给曹操赐予自己的所有礼物，留下书信告辞而去，这种表现雍容大度，足以让人叹为观止，就不是战国时期的士人所能做到的了。曹公知道关羽一定会离开他，所以临别时重重地赏赐给他财物让他带回去，还告诫手下不要追他，说是各为其主。具有这样非凡气量的曹操，对内来说，能够平抑关羽离去而引起的郁闷之气，进而不把关羽离开这件事放在心上，表现出特有的豁达；对外来说，能够成就关羽的忠义，全力施展自己的才力。曹操的这些作为，依然保留着古代先王的遗风。我曾经评价过曹公说，这个人能够大力做善事，却不能不做恶事，能够做善事，所以能够享有国家；不能不做恶事，所以不能够取得天下。

唐庚的这段话，很好地阐释了关羽、曹操二人的关系及他们的为人。

这个时候，正是曹操与袁绍官渡相持阶段，汝南黄巾军领袖刘辟等人背叛曹操，与袁绍遥相呼应，袁绍派遣刘备带领部队与刘辟联合侵扰许昌。于是，兄弟相隔半年之后，在官渡之战前夕，关羽再次回到刘备身边。

刘备和刘辟侵扰许昌，曹操派遣曹仁带兵袭击刘备。刘备无力应对，匆忙退回到袁绍军队之中。刘备这次侵扰许昌的最大收获，就是找到了关羽。

本来，关羽离开许昌找到刘备，在历史上并不复杂，但是在《三国演义》中，这段故事被渲染得非常精彩，一直写了三回：第二十六回"关云长挂印封金"，第二十七回"美髯公千里走单骑，汉寿侯五关斩六将"，第二十八回"斩蔡阳兄弟释疑，会古城主臣聚义"。通过这样的描写，关羽的忠、义、仁、勇表现得淋漓尽致。

曹操知道关羽要走，便送上一盘黄金、一领锦袍，但是关羽害怕曹操有诈，便辞受黄金，立于马上，以长刀挑袍，拜别曹操之后，护卫着二位皇嫂，带着大队人马，一路向西而去。此即传说中所云许昌灞陵桥头关羽挑袍的故事。

【链接】灞陵挑袍辨析

当然，关羽挑袍的故事，主要是后世在"拥刘反曹"的思想中，用以表现曹操之"奸"与"诈"，目的是塑造出曹操"白脸奸臣"的形象。实际上，按照当时曹操对待关羽的态度推测，关羽的担心完全是多余的。首先，曹操爱才，从内心来说并不想加害于关羽。其次，此时的关羽，是寄居在曹操身边，没有任何防范能力，曹操要想杀掉关羽，易如反掌，完全没有必要在众目睽睽之下，落下个心狠手辣的骂名。第三，这个故事，反而表现了关羽心胸狭窄、狐疑猜忌，把原本在曹操面前堂堂正正的大丈夫形象打了折扣，也与日后华容道"义释"曹操的行为特点不吻合。

许昌灞陵桥关帝庙关公像

许昌灞陵桥关羽"始出五关"牌坊

2. 过关斩将

《三国演义》将关羽过关斩将的故事，描写得波澜起伏，扣人心弦。

关羽一行首先来到一处关隘，名叫"东岭关"，把关的将领是孔秀。孔秀得知关羽要走，向关羽索要通关文凭，但是关羽却没有。于是二人在马上厮杀，只一回合，孔秀被关羽斩于马下。

第二关是洛阳关，由洛阳太守韩福把守。韩福和部将孟坦设计擒获关羽，二人商定，孟坦佯败诱使关羽来追，韩福暗中拦截，用箭射杀关羽。但是二人计谋失败，反被关羽杀死。

第三关是汜水关，把关的将领叫卞喜，善使流星锤。卞喜表面欢迎关羽，暗中却在镇国寺中埋伏了三百刀斧手，试图趁关羽不备，将关羽杀死。镇国寺僧人普静是关羽同乡，知道卞喜阴谋，暗中示意关羽，关羽立刻明白了普静的意思，大声斥责卞喜，双方厮杀，最终卞喜也被关羽斩杀。

第四关是荥阳关，守关将领是荥阳太守王植。王植与韩福是两亲家，知道韩福死于关羽之手，便决心为韩福报仇。王植命令从事胡班趁着晚上关羽休息时候，放火烧毁关羽馆驿，试图将关羽烧死在馆驿之中。结果胡班烧毁馆驿之前，放走了关羽，等到王植追赶过来，关羽回头一刀，将王植拦腰斩为两段。

第五关是黄河渡口，把关的是夏侯惇的大将秦琪。秦琪向关羽索要丞相公文，关羽大怒，双方于马上交战，关羽手起刀落，秦琪被斩于马下。

这样，关羽单枪匹马闯过了曹军镇守的五个关隘，斩杀了曹军六员大将，威震八方。这也是《三国演义》描写的关羽一生中最为辉煌的故事。"过五关斩六将"成了英雄关羽的象征，也成为他决心反抗曹操、忠于皇叔刘备，与曹操势力势不两立的最坚决斗争。从此以后，关羽与曹操分属两个阵营，在漫长的政治、军事生涯中，两人不断地进行着直接或间接的较量。

【链接】关羽过五关是绕了一个大圈子

按照有关历史资料记载，曹操与袁绍在官渡相持的时候，双方都在寻找机会消灭对手。这时，汝南黄巾军领袖刘辟等人背叛曹操，与远在河北的袁绍遥相呼应。为了扰乱曹操的部署，袁绍立即派遣刘备带领部队与刘辟联合侵扰许昌，曹操也随即展开反骚扰，派遣曹仁带兵袭击刘备，刘备无力应对曹仁的袭击，匆忙退回到袁绍军队之中。就是这次出兵许昌，让关羽找到了刘备，并回到了刘备身边。

很明显，关羽应该是在许昌附近找到刘备的。退一步说，即便是刘备已经退回到河北袁绍处，关羽才找到他，那么关羽的行动路线也应该

过五关路线图

关羽过五关示意图（网络图片）

是从许昌出发，一直向北。但是，《三国演义》所描述的"过五关斩六将"的路线图，却是从许昌西出发，向着西北方向前行，第一关东岭关就在许昌西北通往洛阳的途中，而第二关洛阳关，就在洛阳附近。第三关汜水关又往洛阳东面偏北方向转，一直走到第四关荥阳关，是不断向东走。然后向东北方向到达第五关黄河渡口。这时，关羽才听孙乾说刘备在汝南，于是，关羽一行向汝南而去。

本来，关羽听说刘备在河北，应该是一直向北走的，但是他却向西北走，绕了一个大大的弯道，最终才来到黄河渡口。这种放弃直线不走，而走曲线的做法，应该是《三国演义》的作者有意为之，目的是表现关羽在各个关隘的非凡表现，进而突出关羽的英雄本色。所以才"不惜"让关羽多走了许多的"冤枉"路。

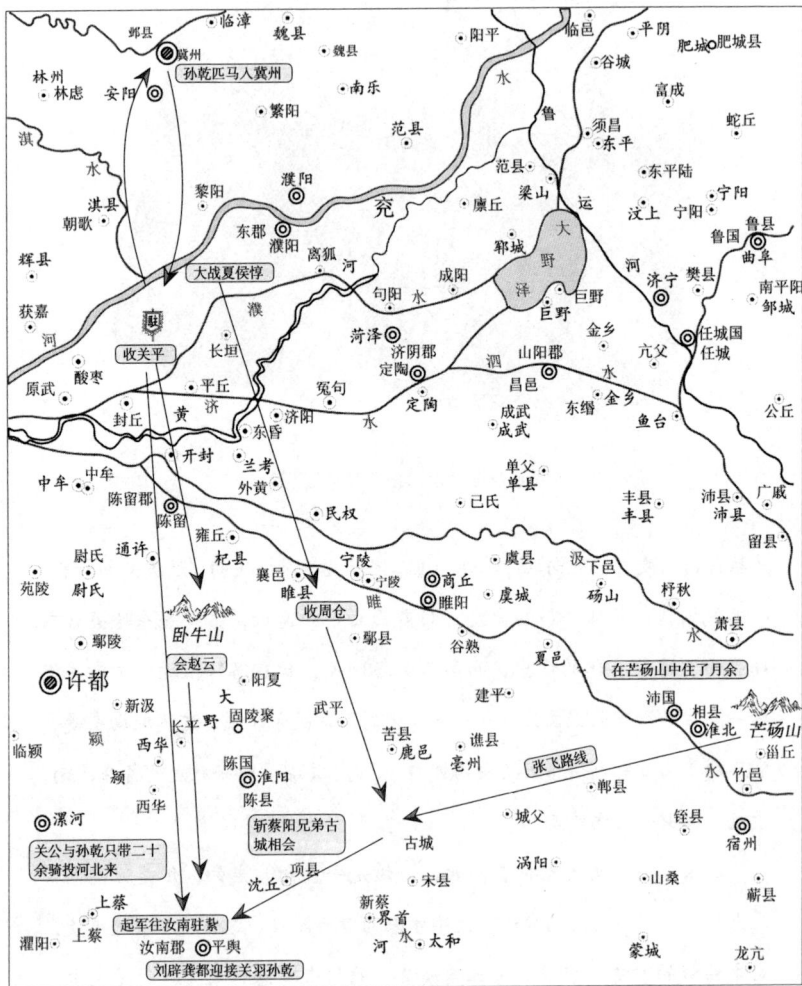

邺县 ·临漳 魏县 ·魏县 ·阳平 ·临邑 ·平阴 肥城 肥城县
·冀州
孙乾匹马入冀州
林州 ·林虑 安阳 ·南乐 ·谷城 富成 ·蛇丘
·繁阳 鲁 ·范县 ·须昌
淇 朝歌 ·范县 东平 ·东平陆 宁阳
水 ·黎阳 ·濮阳 梁山 运 汶上 宁阳 鲁县
辉县 东郡 ·濮阳 ·廪丘 郓城 大 鲁国 曲阜
大战夏侯惇 离狐河 ·成阳 野 巨野 济宁 南平阳 邹城
获嘉 收关平 ·句阳 水 泽 巨野 任城国
水 长垣 菏泽 济阴郡 ·金乡 兖父 任城
原武 酸枣 平丘 定陶 山阳郡 水 金乡 鱼台 公丘
黄 济 宛句 泗 昌邑 东缗
封丘 济阳 定陶 成武 成武
中牟 中牟 开封 东昏 单父 丰县 沛县 广戚
陈留郡 兰考 外黄 单县 丰县 沛县 留县
尉氏 通许 陈留 雍丘 ·民权 己氏
苑陵 尉氏 杞县 宁陵 虞县 汝 下邑
鄢陵 卧牛山 襄邑 睢县 宁陵 商丘 虞城 砀山 柘秋
许都 会赵云 阳夏 睢 睢阳 萧县
新汲 大 固陵聚 鄢县 谷熟 夏邑 在芒砀山中住了月余
临颍 颍 西华 长平野 武平 苦县 建平 沛国 相县 芒砀山
漯河 陈国 淮阳 谯县 亳州 淮北 砀丘
西华 陈县 鹿邑 张飞路线 郸县 水 竹邑
斩蔡阳兄弟古 城父 铚县
上蔡 城相会 古城 宿州
关公与孙乾只带二十 沈丘 项县 宋县 涡阳 山桑 蕲县
余骑投河北来 新蔡 界首 蒙城 龙亢
濯阳 上蔡 起军往汝南驻紥 水 太和
汝南郡 平舆
刘辟龚都迎接关羽孙乾

古城会

082

3.古城相会

关羽与孙乾一路南行，向汝南进发，途经卧牛山时，收了周仓。来到古城，听说古城由张飞占据，关羽非常高兴，但是，张飞却误认为关羽已经投降曹操，挥刀便要砍杀。关羽急忙辩解缘由，但张飞依然不信，无奈，刘备甘、糜二夫人也出面跟张飞解释，张飞反说二位嫂嫂是被关羽骗了。双方正在纠缠，突然一队人马飞驰而来，张飞立刻大怒，认为正是关羽所引曹兵。关羽边阻止张飞边说，如若不信，我可以将来将杀死，以证自己的清白。说完，立刻引兵截杀来将，来者正是曹操大将蔡阳。蔡阳哪里是关羽的对手，关羽手起刀落，将蔡阳杀死。这时，张飞才相信关羽之言不假，兄弟尽释前嫌。

【链接】著名戏剧《古城会》

戏剧《古城会》在很多剧种中都有，情节与一般的三国故事基本一致：徐州一别，兄弟分散，刘备投了袁绍，关羽跟了曹操，张飞无奈落草芒砀山。关羽过五关斩六将之后，护送着二位皇嫂继续前行，一行人过了黄河渡口，来到古城。探知古城由张飞把守，关羽心里异常兴奋，想着马上兄弟就可以见面了。岂料，张飞却认为关羽投降了曹操，拒不开城门，甚至还想要杀死关羽。看到张飞这样怀疑自己，关羽也很无奈。正在这时，曹操将领蔡阳追来，关羽调转马头，刀劈蔡阳，证明了自己的清白，兄弟尽释前嫌。

这出戏因在关羽和张飞的关系上增加了关键的戏剧冲突而备受欢迎，剧作展现了关羽的忠信和张飞的耿直，是历来关羽戏中脍炙人口的名作。

4.刀劈蔡阳

官渡之战以前，袁绍派遣刘备率军与汝南黄巾军头目刘辟联合侵扰许昌，曹操派遣曹仁还击刘备，刘备匆忙退回到河北袁绍军队之中。

这时，刘备已经感觉到在袁绍军营不是长久之计，暗中思量离开袁绍南投刘表。于是，刘备建议袁绍，为了遏制曹操势力，应该与荆州牧刘表联合。就这样，袁绍再次派遣刘备率领本部军马向南进发。刘备走到汝南，又与汝南的地方武装龚都联合，聚众数千人。

建安六年（201 年）九月，曹操打败袁绍后回到许昌，派遣大将蔡阳平定龚都、刘备叛乱，结果，蔡阳部队被龚都打败，蔡阳本人也被刘备杀死。曹操大怒，亲自率军南征刘备。刘备听说是曹操亲自带兵，急忙向南投奔刘表。龚都等地方武装也各自散去。

据《三国志·蜀书·先主传》记载，蔡阳是被刘备所杀，而《魏书·武帝纪》则称系为地方武装所破。但是，后世为美化关羽，在三国故事、戏剧，以及小说《三国演义》中都说蔡阳是被关羽打败。也有的演绎说，曹操派蔡阳来不是与关羽作战，而是关羽灞陵辞别后，曹操派蔡阳追赶关羽，并无恶意。

"刀劈蔡阳"是关羽一生中的重要故事，一方面表现了关羽的英勇，另一方面也是关羽对张飞误会自己的有力表白，体现了关羽对刘备的"忠"、对兄弟的"义"和个人的"勇"。

1.博望杀敌

建安六年（201 年），曹操亲征在汝南联合地方武装的刘备，跟随刘备的关羽等人被迫离开汝南，南依荆州刘表。

刘表字景升，是汉末著名"八俊"之一，灵帝末年任荆州（治襄阳，今湖北襄樊市汉水南岸襄阳城）刺史，董卓之乱时，李傕、郭汜率兵进入长安，想和刘表联手，便任命刘表为镇南将军、荆州牧，封为成武侯。长沙太守张羡背叛刘表，张羡死后，刘表发兵，攻占长沙、零陵（治泉陵，今湖南零陵）、桂阳（治郴县，今湖南郴州）等地，势力范围迅速扩大到数千里，带甲兵士十余万人，成为一支重要的地方武装力量。扫清了周边势力之后，刘表将荆州治理得井井有条。刘表又设立学校，广招贤才，荆州一时成为全国士人争相依附的王道乐土。曹操与袁绍官渡相争，袁绍求助于刘表，但是刘表表面答应，实际却是按兵不动，袖手坐观。其目的很明确，就是想保荆州一方平安，担心引火烧身。

为了让刘表能够接纳自己，刘备先派遣糜竺、孙乾到荆州告知刘表。

听说刘备要来，刘表喜不自胜，亲自出门迎接，并以上宾之礼相待，还给刘备增加了兵力，让刘备带兵屯扎在新野（今河南省新野县南），前后时间长达七年之久。

关羽跟随刘备驻扎在新野，虽然这是刘表的安排，但是刘表并不信任他们，尤其是荆州士人归附刘备者越来越多，刘表看在眼里记在心里。所以，他表面上对刘备等人十分友好，实际上却是暗中倍加防范，唯恐刘备力量扩大之后，对自己产生威胁。

这时，曹操大将夏侯惇、于禁率众进犯博望（今河南方城县西南），刘表令刘备带兵抵挡。刘备施计埋下伏兵，放火将自己军营烧毁，假装溃逃。夏侯惇等人迅速出兵追击。刘备所设伏兵突然拦截夏侯惇，夏侯惇猝不及防，败逃而去。

博望一战是刘备、关羽等人来到荆州之后的第一次战役，这场战役的胜利，使刘备等人寄居荆州有了一定的基础，也在一定程度上抵消了刘表对刘备的不信任。同时，这次战役还显示了刘备较为突出的军事指挥能力，为刘备、关羽集团今后的发展壮大创造了条件。

【链接】博望之战的若干个历史真相

《三国演义》第三十九回"博望坡军师初用兵"，详细描绘了博望之战的细节，战役由诸葛亮指挥，刘备、关羽、张飞都参加了战斗。但是，小说与史料记载有较大出入，主要有：

第一，根据史料记载，这次战役诸葛亮并未参加。战役发生在建安六年（201年），而诸葛亮是在建安十二年（207年）才被刘备从躬耕地请出山的。

第二，根据《三国志·蜀书·先主传》记载，这次战役是由刘备指挥的，刘备采用了自烧军屯、伪遁诱敌的计策，将夏侯惇和于禁打败。

第三，史书记载的博望之战的原因也不尽相同。《三国志·先主传》

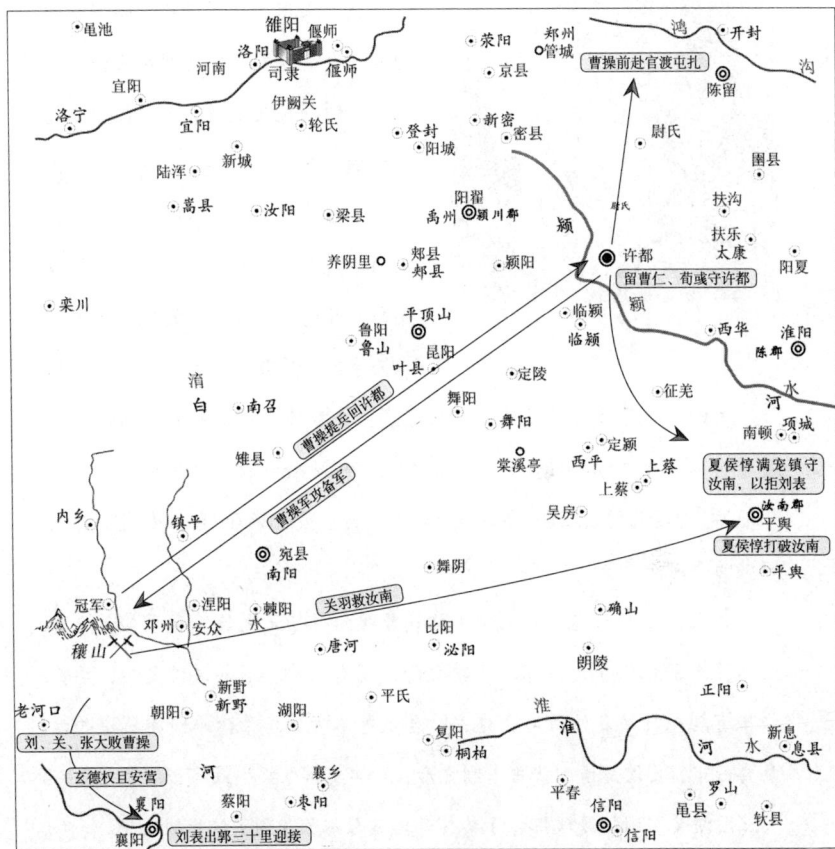

龟池　　　　雒阳　偃师　　　　荥阳　郑州管城　　　鸿　开封
　　　洛阳　　偃师　　　　京县　　　　　　沟
宜阳　河南　司隶　偃师　　　　　　　　　曹操前赴官渡屯扎
洛宁　　　伊阙关　　　　　　新密　　　　　　陈留
宜阳　　　　轮氏　登封　密县　　尉氏
陆浑　新城　　　阳城　　　　　　　扶沟
嵩县　汝阳　梁县　　　阳翟　　　　　　扶乐　太康
　　　　　郏县　禹州颍川郡　　　　　　　　阳夏
　　　养阴里　郏县　颍阳　许都　　　西华　淮阳
栾川　　　　　　　　　　　　　留曹仁、荀彧守许都　陈都
　　　　　鲁阳平顶山　临颍　颍　　　　　水
清　　鲁山　昆阳　临颍　　　　　征羌　河
白　南召　　叶县　定陵　　　　　　　　南顿城
　　　雉县　舞阳　舞阳　西平　上蔡　夏侯惇满宠镇守
　　　　曹操提兵回许都　棠溪亭　上蔡　汝南，以拒刘表
内乡　镇平　　　　　吴房　　　　汝南郡
　　　曹操军攻客军　　　　　　　　平舆
　　　宛县　舞阴　　　　　　　夏侯惇打破汝南
冠军　　南阳　　　　　确山　　　平舆
　涅阳棘阳　关羽数汝南　比阳
邓州　安众　水　　　泌阳　朗陵　　　正阳
穰山　　　唐河　　　　　　　　　新息
　新野　　平氏　　　淮　　河　水　息县
老河口　朝阳　新野　湖阳　　复阳　　　　　罗山　亟县　轵县
刘、关、张大败曹操　　襄乡　　桐柏　平春信阳　信阳
玄德权且安营　河　蔡阳　枣阳
　　襄阳　　　　　　　刘表出郭三十里迎接

投奔刘表

博望坡

说是刘表派刘备"拒夏侯惇、于禁等于博望"。意思是说,夏侯惇、于禁来犯博望,刘备奉命率兵抵挡。《三国演义》采用了这种说法。而《资治通鉴》却说是刘表"使刘备北侵,至叶",明确说明是刘表派刘备向北侵犯曹魏的管辖地叶县,"曹操遣夏侯惇、于禁等拒之"。这时,刘备方面采用了烧毁军屯的办法,引诱夏侯惇追赶,并进入刘备所设的埋伏圈里,从而导致其兵败。

第四,关于战役的地点。《三国志·先主传》说是刘表派刘备"拒夏侯惇、于禁等于博望",《三国演义》也把地点放在了博望。而《资治通鉴》却说是刘表"使刘备北侵,至叶",博望坡在新野(今河南新野县),而叶为今河南叶县。

第五,《三国志·先主传》记载曹魏的将领是夏侯惇和于禁,《资治通鉴》所记除了夏侯惇、于禁之外,还有李典。刘备佯退之后,李典担心有埋伏,劝夏侯惇不要追击,夏侯惇不听,与于禁一同率军追击,李典留守。夏侯惇遭到伏击失利之后,李典率军救援,最终击退了刘备。《三国演义》则把夏侯惇、于禁、李典三人都加入到了这场战役中。

第六,关于战役的结果。《三国志·先主传》说是夏侯惇被刘备埋伏的兵力打败,没有涉及到李典救援的事情。《三国志·李典传》与《资治通鉴》一样,都记载了李典救援夏侯惇之后,刘备"散退",所谓"散退",应该是被打散之后才撤退的,并非刘备看到李典来了之后就主动撤走军队的。而《三国演义》的结果是曹军大败,诸葛亮以完胜收兵。

郏县
郏县
颍阳
许昌
颍阴
许都

汝

摩陵
杜袭徙至摩陵营

鲁阳
平顶山
临颍

水

南召
夏侯惇、于禁等拒之
叶县
郾县
漯河
定陵

滍
白

叶
刘备北侵至叶
水

203年8月，曹操征刘表，进军西平

郦县
堵县
刘备设伏兵烧夏侯惇

内乡
西鄂
博望
西平

201年，刘表万人来攻城

水
南阳郡
宛县
南阳
使先主拒夏侯惇、于禁等于博望
吴房

冠军
舞阴
阳安

穰县
河
水
比阳
泌阳
确山

邓州
新野
水
朗陵

新野
比
宜秋聚

刘备弃刘表
朝阳
刘备
使屯新野
表疑其心，阴御之
湖阳

复阳
淮

备屯樊城，刘表礼焉，惮其为人
樊城
襄乡
桐柏
平春

邓县
蔡阳
枣阳

刘表
襄阳
刘表益其兵
章陵
信阳

刘备火烧博望

2.三顾茅庐

从建安六年（201年）到建安十二年（207年），关羽一直跟随刘备驻守在新野。其间，刘备多次给刘表提出建议，如趁着曹操北攻乌桓袭击许昌等，但是刘表出于防备之心均未采纳。

建安十二年（207年），关羽与刘备、张飞三兄弟一起三顾茅庐，请出了后来为蜀汉政权立下了汗马功劳的军师诸葛亮，使刘备的政治生涯展开了新的一页。

诸葛亮甫一出山，就给刘备详细地剖析了天下大事，并规划了刘备今后的宏伟蓝图。于是，刘备真正意识到了诸葛亮的重要性，并与诸葛亮关系日益亲近。这却导致关羽、张飞的不满，刘备无奈只好给关羽、张飞解释道："我得到了诸葛孔明，就像是鱼回到了水中啊。"关羽、张飞才不再计较。

在诸葛亮的谋划之下，刘备尽管是寄居，但是也在暗中不断发展壮大自己的力量。

诸葛亮跟随刘备来到荆州之后，一眼就看出了刘表和刘备之间的距离，刘表性格柔弱，不通军事，刘备投奔刘表，但二人并非故旧，谈不上交情，再加上刘备比刘表小二十岁，所以刘表将刘备看作和其他前来投奔的年轻人一样，没有什么特别之处。而当时曹操在北方的势力却是在一步步壮大，诸葛亮内心着急。有一次，大家在刘备处聚会，海阔天空谈完了，各自散去，诸葛亮却没有走，刘备也不理他，自顾自地拿着牦牛尾编织东西。诸葛亮略有不满地对他说："将军应该有远大志向，怎么就知道编织牛尾呢！"刘备知道诸葛亮才能非凡，就把牛尾扔到一边说："这是什么话！我只不过是借此忘记忧愁罢了。"诸葛亮问他："将军估计刘表和曹操相比，谁更强大？"刘备说："刘表当然赶不上曹操。"

南阳卧龙岗刘备三顾处

诸葛亮又问："你自己和曹操比怎么样？"刘备说："也不如曹操。"诸葛亮说："现在谁也没有曹操实力强大，尤其是将军您的人马只有不过数千，凭借这种力量对付敌人，是个好办法吗？"刘备说："我也忧愁啊，我们应该怎么办呢？"诸葛亮说："现在荆州人口并不少，但是在户籍上登记的人不多，一般住户还担负着苛刻的赋税，人们心怀不满。你可建议刘表下令让没有户籍的人自行登记，这样的话，人口多了就可以征兵抵御曹操了。"就这样，刘备借刘表之手迅速扩大了自己的军事实力。

【链接】正史中的一句话，演绎成了一大段精彩绝妙的故事

关于刘备三请诸葛亮的故事，《三国志·蜀书·先主传》只用了一句话："由是先主遂诣亮，凡三往，乃见。"在《三国演义》中，却演变成了

091

湖北襄阳古隆中

"刘玄德三顾草庐"这样一个非常精彩的故事。而且在去拜见诸葛亮之前，先通过徐庶和司马徽的举荐，渲染了诸葛亮"卧龙"的才智。刘备、关羽、张飞三人不辞辛苦，往返三次，终于请出了诸葛亮。"三顾茅庐"也成为三国故事中家喻户晓的著名故事。

3. 挥师夏口

建安十三年（208年）七月，曹操南下征刘表。八月，刘表病卒，其子刘琮代立，屯兵襄阳。此时，刘备屯兵樊城。九月，曹操大军到达新野。面对曹操的巨大压力，刘琮遣使请降。曹操平定荆州。

在这种情况下，驻守在樊城的刘备，不得不率大军南下，计划先南渡长江，然后投奔苍梧（今广西苍梧县）太守吴巨。在南下经过襄阳时，

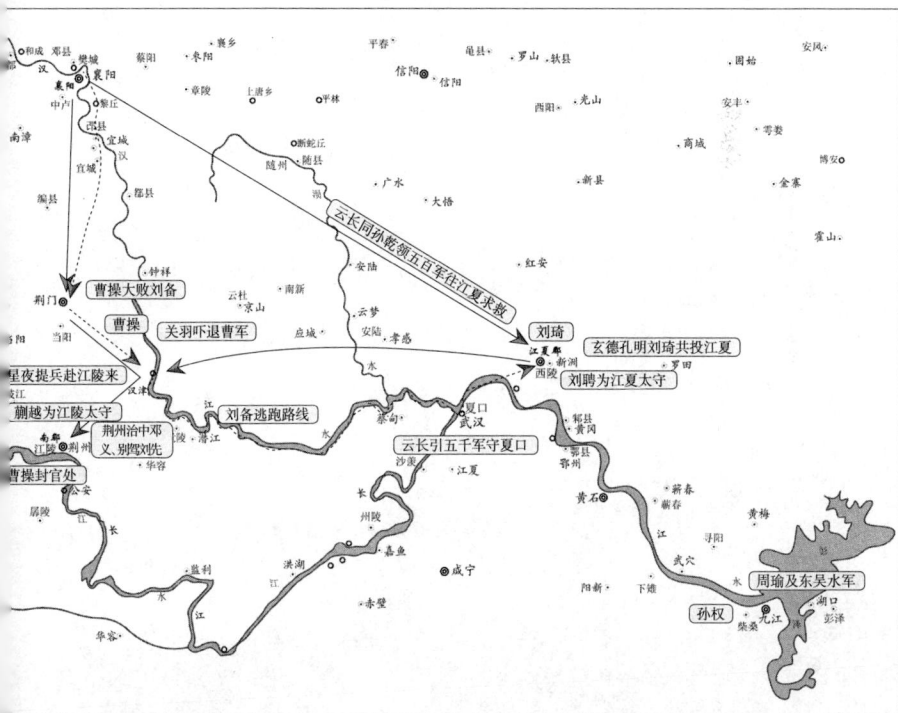

当阳长坂坡

许昌 颖阳
荀彧留守许都
●许都
曹操军五十万

平顶山
鲁阳 鲁山
淯 白 河

太康 阳夏 柘城
夏邑 建平 睢 相县 萧县
陈国 淮阳 谯县 亳州 沛国 水
周口 陈县 郸县 铚县 宿县
漯河 上蔡 项县 宋国 蒙城
上蔡 汝南郡 沈丘 平阿
舞阴 平舆 汝阴 阜阳 下蔡
内乡 镇平 宛县 确山 新蔡 颖上 凤台
南阳 正阳 新蔡 阜南 寿春 芍陂 戚德
冠军 唐河 泌阳 朗陵 淮滨 息县 蓼县 阳泉 寿县
河 比阳 桐柏 淮 新息 安风
刘备驻地 新野 湖阳 平春 信阳 罗山 固始 安丰
新野 汉 水 平春 西阳 商城 雩娄
刘琮总部 襄阳 枣阳 章陵 安丰 金寨 六安 六安 舒城
襄阳 随县 广水 大悟 新县 霍山 龙舒
南漳 宜城 汉 郢县 随州 湍 龙舒 庐江郡 桐城
宜城 钟祥 云杜 安陆 红安 居巢
荆门 京山 孝感 江夏郡 潜山 皖县 安庆
当阳 应城 安陆 西陵 罗田 水
刘表军实部 竟陵 水 孝感 刘琦军 新洲 黄冈 彭泽 江东至
江陵 荆州 潜江 蔡甸 江 郡县 罗田 彭泽
油江口 南郡 华容 武汉 鄂州 蕲春 黄梅
公安 监利 江夏 黄石 蕲春 寻阳 彭泽
洪湖 州陵 麻屯 武穴 柴桑 彭泽
华容 乌林 陆口 嘉鱼 咸宁 阳新 下雉
安乡 巴丘 赤壁 赤壁 孙权总部 周瑜训练水军
岳阳 临湘 通城 历陵
三江口

刘琮投降时的形势

诸葛亮劝刘备攻袭刘琮，以占领襄阳。刘备以刘表托孤于己为由没有同意。刘琮虽然投降了曹操，刘备还是希望刘琮能和自己一起南下，却遭到惊恐之中的刘琮的拒绝。但是，刘琮左右大臣及荆州士人有不少跟随刘备而去。

刘备逃到当阳（今湖北当阳县北）的时候，已经聚集人马十余万，辎重数千两。因为人员众多，又多属于非战斗人员，行动极其不便，刘备每天只能前行十余里。这时有人劝刘备速行占领江陵（今湖北江陵），认为人员太多，又没有战斗力，一旦遭遇曹军进攻，将无力应对。言外之意，劝刘备将非战斗人员撤下，刘备说："成就大事者应该以人为本，现在这些人是投靠我而来，怎么能够忍心丢下他们不管呢！"

与此同时，刘备派遣关羽率众乘船数百艘出发，双方约好在江陵会合。

曹操也很清楚刘备的目的，江陵存放有大量的军需物资，这些物资不能让刘备得到。于是，为了赶在刘备之前到达江陵，曹操放弃辎重，带领轻骑军迅速追赶刘备。到达襄阳时，听说刘备已经南下，曹操便率领五千轻骑追赶，一日一夜行军三百余里，终于在当阳长坂与刘备的军队遭遇。

看到曹军气势凌厉，刘备不得不再次抛弃妻子，只与诸葛亮、张飞、赵云等数十骑兵逃走。赵云一面怀抱刘备幼子刘禅，一面保护甘夫人，皆得幸免于难。

曹操大获全胜，俘虏了刘备的大批人员，刘备的两个女儿也被曹仁的弟弟曹纯俘获，曹军还获得了刘备遗留的大量辎重。

曹操乘胜追击，刘备令张飞率领二十个骑兵断后。张飞面对强大的曹军，据水断桥，横矛挺立，瞋目而视说："我是张翼德，你们谁来决一死战！"曹兵竟然无人再敢向前。长坂坡在当阳以北三十千米，据说，这里有一个倒流桥，沮水、漳水两条河在桥下合流，倒流桥就是当年张飞据水断桥之处。

因为张飞的阻拦，给刘备等人赢得了宝贵的时间，刘备与几个骑兵从小路逃往汉津（今湖北荆门市东九十里汉水津渡）。这时，关羽也率领水军来到汉津，两路人马合力渡过汉水。之后，又遇到了刘表的长子刘琦率万余人来归。刘备历经艰辛，终于到达夏口（今湖北汉口）。

到达夏口之后，关羽痛定思痛，想起了当年在许昌的时候，劝说刘备杀掉曹操，刘备没有答应。这时，却被曹操追得飘摇江河，关羽十分生气地埋怨刘备说："当年许都打猎时，如果听了我的话，也不会有今天的狼狈了。"刘备知道关羽带着满腹怨言，勉强解释道："当年我也是为国家考虑啊，如果天道公正的话，怎么知道这不是我们的福气呢！"言外之意，当年曹操是国家栋梁，杀了他太可惜了，怎么会想到有今天的结果呢。刘备还为自己辩解说，天道公正的话，我们今天经历的磨难应该有一个好的回报吧。

刘备"惜不杀曹"的话，受到了历史学家的批评，裴松之就评价说："根据当年的情况，如果刘备真的杀了曹操，他自己也难免一死，所谓为国家考虑，不过是说起来好听罢了。"刘备和关羽的这段对话，可以视为二人在惶惶之中对曹操的气愤之语，联系以往二人之言行，未必都有杀掉曹操之决心，刘备也未必能把曹操看作是匡扶汉室的英雄。裴松之的评价还是比较公允的。

刘备狼狈溃退，曹操最终占领荆州郡治江陵。占领荆州之后，曹操大封功臣，以巩固这个战略要地，为日后统一全国打下坚实的基础。

4.再露峥嵘

在这次对关羽、刘备等人来说空前的大撤退当中，无论是刘备，还是关羽、诸葛亮等都遇到了强大的压力，这个压力主要来自于曹操挂帅

当阳长坂坡

的曹魏大军，实力远远超过了刘备的力量。他们降刘琮，克樊城，攻襄阳，占江陵，一路长驱直入，似乎没有遇到任何阻拦便占据了江南重镇荆州。

关羽所率领的水军，因为不是曹操追击的重点，所以得以避开强大的曹军锋芒。但是，在撤退时，关羽与曹操多位大将展开了正面交锋。

据《三国志》有关资料，在襄阳撤退时，关羽就与乐进交战；在寻口（今湖北安陆市西南），关羽与文聘、乐进交战；在汉津，与满宠、徐晃交战，还被文聘烧了辎重，在荆城（今湖北钟祥县南）又被文聘烧了船只。

关羽与曹军所发生的战斗，是刘备等人这次大撤退中遇到的最顽强抵抗，尽管关羽的主要任务是撤退，并不需要与曹军发生正面冲突，但是，关羽的抵抗依然被曹军所重视，这点从文聘因在寻口讨伐关羽有功

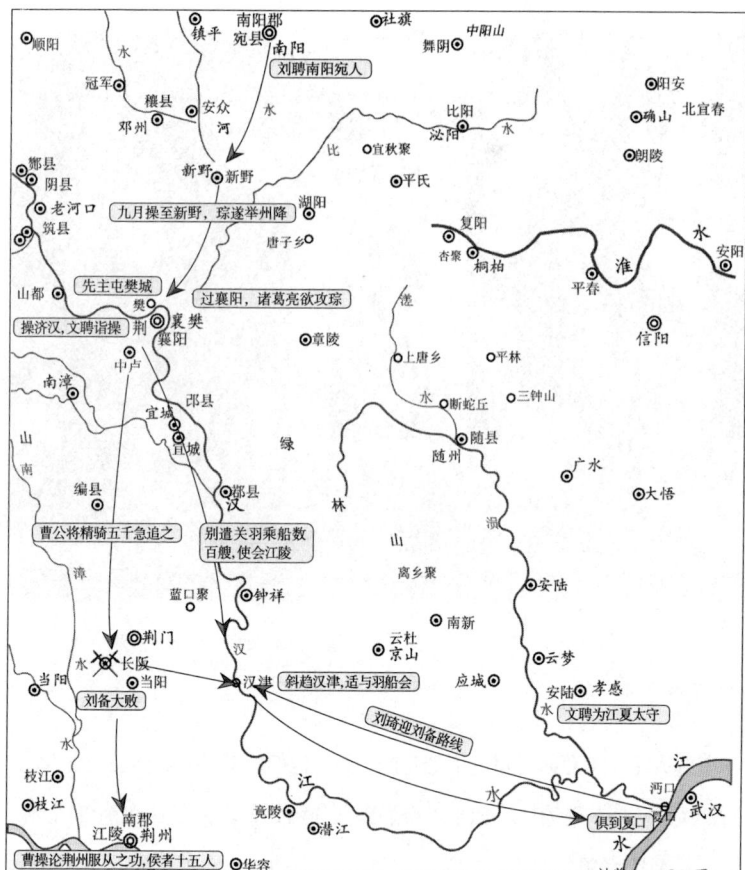

顺阳◎

冠军◎　穰县◎　安众◎

鄀县◎　阴县◎
老河口◎
筑县◎

山都◎

南漳◎

山南◎　编县◎

荆门◎

当阳◎

枝江◎
枝江◎

镇平◎　南阳郡　宛县◎　南阳◎　社旗◎　中阳山◎　舞阴◎

水

安众　河

新野◎　新野

比

阳安◎

比阳　泌阳◎　硙山◎　北宜春

宜秋聚◎　朗陵◎

平氏◎

潮阳◎

唐子乡◎

章陵◎

水

淮水◎　安阳◎

杏聚◎　桐柏

平春◎

信阳

上唐乡◎　平林◎

水

断蛇丘◎　三钟山◎

随县◎

广水◎

大悟◎

溳

林

山

离乡聚◎

安陆◎

云杜◎　南新◎

京山◎　云梦◎

应城◎　孝感

安陆

水　文聘为江夏太守

江

沔口◎　武汉

九月操至新野，琮遂举州降

先主屯樊城

操济汉，文聘诣操

荆

襄阳

中卢◎

南漳◎　邪县◎

宜城◎　宜城◎

鄀县◎

过襄阳，诸葛亮欲攻琮

曹公将精骑五千急追之

别遣关羽乘船数百艘，使会江陵

蓝口聚◎　钟祥◎

汉

长阪╳　汉津　**斜趋汉津，适与羽船会**

刘备大败

刘琦迎刘备路线

俱到夏口　**刘琦迎刘备路线**

南郡◎　江陵　荆州

曹操论荆州服从之功，侯者十五人

竟陵◎　潜江◎

华容

江　水

俱到夏口

水

刘备大败于当阳长坂

樊城

别屯樊

南漳◎　栢◎

中　宜城

夷◎

邪县◎

江

郡县◎

临沮

远安◎

水

编县◎

汉

徐晃讨中庐、临沮、宜城贼

荆门◎　汉津◎　汉

讨关羽于汉津

徐晃征战路线

而被加官进爵足以看出。在寻口与关羽作战之后，文聘被进封延寿亭侯，加讨逆将军。

此外，从刘备和关羽两条撤退路线的对比中，也能够看出关羽抵抗曹军的重要性。刘备一行在撤退途中，一直被曹军追赶，没有发生过任何抵抗，刘备甚至还丢失了妻子、儿子、女儿和大量人员、辎重，只身与诸将仓皇遁逃，追赶刘备的曹操进军异常顺利。而关羽所率领的水军，却是肩负重任，一路抵抗，既要阻止曹军追击，又要接应刘备。这些抵抗，有效缓解了刘备的压力，为刘备的战略撤退赢得了时间。

关羽所率领的水军，是刘表死后刘备接管的荆州部队。正是这支水军，出色地完成了阻止曹军、接应刘备的任务，成功与刘备在汉津会师，并一起到达夏口。

乐进、文聘、徐晃、满宠都是曹操的大将，关羽与他们交手之后，能够继续与刘备进军夏口，说明了关羽是一位具有很强的指挥和作战能力的将军。这也是关羽继斩杀颜良之后，再一次显示了其英雄本色。

第八章

赤壁大战

1. 三家角力

刘备、关羽来到夏口之后，终于有了喘息的机会。但是，荆州重镇被曹操占领，打破了以往的格局。

刘表统治荆州时期，采取的是自保战术，为了荆州的繁荣与安定，刘表从不主动出击。甚至官渡之战时，袁绍拉刘表联合抗曹，刘表极力推诿；张济来攻荆州时被流矢射杀，别人来祝贺时，刘表却斥责说，作为主人，应该对客人张济的死表示哀悼。这种策略使荆州成为当时全国最为富庶的地区，引来了各地大批士人的争相归依。

但是，荆州的安定只是暂时的，一旦形势发生改变，对荆州虎视眈眈的各方力量将不再保持沉默。所以，刘表死后，面对强大的曹魏军队，掌管荆州的刘琮望风而降，这就打破了荆州固有的格局，围绕荆州展开的多方较量由此开始。

首先，占据主动权的曹魏方面，曹操把吞并荆州视为称雄天下的重要环节。官渡之战以后，曹操就欲借胜利之势大举南下，但谋士荀彧担心袁绍士众未灭，劝其暂缓。荀彧劝曹操说："袁绍刚刚失败，人心离散，应该乘势将其消灭，占领冀州。如果挥师南下，袁绍将会借机收拾残局，死灰复燃，再乘机侵袭我们后方，我们就危险了。"可见，夺取荆州，是曹魏的既定战略。

建安八年（203年）八月，曹操率军南下征讨刘表，但是走到西平的时候，冀州袁氏兄弟内斗，袁谭求救于曹操，曹操临时改变主意，暂时搁置了占领荆州的计划。建安九年（204年），曹操领冀州牧，荀彧建议曹操将占领荆州作为近期目标。建安十二年（207年），曹操北定乌桓，平定了北方，年底前返回之后，于建安十三年（208年）正月开始训练水军，为南下做准备。六月，曹操任丞相，次月就率领大军，浩浩荡荡向荆州进发。

占领荆州之后，曹操立刻给孙权写了一封信，大意是说，近来我奉献帝之命，讨伐有罪之人，带领大军南下，刘琮已经束手就擒。现在，我又带领八十万水军，与你决战于吴。曹操的书信等于是战书，充满了威胁与傲慢，所以，孙权将曹操的书信给群臣看时，众人无不大惊失色。不过，让曹操也没有想到的是，他这种咄咄逼人的气势，不但没有吓退孙权，反而将刘备也推到了孙权身边。

其次，在刘备方面。刘备三顾茅庐请诸葛亮出山时，诸葛亮就详细分析了天下大势，指出了荆州的重要性，还给刘备规划了先占据荆州，再向西川发展，最后兴复汉室的战略步骤。他说："荆州北据汉沔，利尽南海，东连吴会，西通巴蜀，此用武之国，而其主不能守，此殆天所以资将军，将军岂有意乎……若跨有荆、益，保其岩阻，西和诸戎，南抚夷越，外结好孙权，内修政理，天下有变，则命一上将将荆州之军以向宛洛，将军身率益州之众出于秦川，百姓孰敢不箪食壶浆以迎将军者乎？诚如是，则霸业可成，汉室可兴也。"（《三国志·蜀书·诸葛亮传》）诸葛亮把荆州作为重要军事要塞，认为是刘备成就霸业、复兴汉室的关键。

当曹操略定河北之后，诸葛亮就强烈地意识到了荆州战略位置的重要性，并告诫刘备要重视与荆州牧刘表的关系。

从建安六年（201年），刘备赴荆州投奔刘表，到建安十三年（208年），刘备直接处于荆州争夺战的核心，已达八年之久。在寄居荆州期间，刘备虽然与刘表貌合神离，但是刘备并没有闲着，他暗中招募军队，增强自己的军事实力，以图有机会取代刘表。只不过，自己本来的实力太过弱小，再加上是暗中发力，所以，他迟迟未能找到机会。曹操突袭荆州，刘琮突然投降，刘备无奈只好率众南下。

尽管此时的刘备一行是狼狈出逃，但是他们并不甘心这样的失败。所以，当刘备准备从夏口进一步南下苍梧，却与鲁肃不期而遇的时候，鲁肃邀请他与孙权联手，刘备毫不犹豫地答应了。

第三，在东吴方面。在孙坚时期，江东既已大定，孙氏已经控制了会稽郡（治山阴，今浙江绍兴）、吴郡（治吴县，今江苏苏州）、丹阳郡（治宛陵，今安徽宣城）、豫章郡（治南昌，今江西南昌）、庐江郡（治皖，今安徽怀宁）、庐陵郡（治石阳，今江西吉水）六郡。随着实力的不断增强，孙权把目光进一步瞄向了荆州、中原，乃至天下。

孙权周围的鲁肃、周瑜、甘宁等文臣武将，都给孙权提出了相似的"据有荆州"的战略。

当年鲁肃初见孙权，就给孙权提出了吞并天下的设想，他说："汉室已经不可复兴，曹操短期内也难以消灭。我们只有鼎足江东，伺机而动。趁着曹操在北方剪灭群雄，无暇他顾，我们可以先剿灭占据江夏的黄祖，再攻伐荆州刘表，沿江西上，夺取益州，最终取得天下。"

周瑜也曾提出过类似的看法。建安七年（202年），曹操下书要孙权送子为质，周瑜坚决反对，并以荆州为例，提出了称霸天下的策略。

甘宁初归孙权时，给孙权"陈计"说："今汉祚日微，曹操最终将会篡窃大权。南荆之地，山川便利，是西部极为有利的条件。刘表既无远虑，其子又非强势，他们都不能够坚守祖业。我们应该早早谋划，不可让曹操占了先机。而要占领荆州，应该先取年老昏聩的黄祖，之后一鼓作气，顺江而西，把守楚关，再谋取巴蜀。"孙权听后，深表赞同。

按照这一设想，孙权一直努力向西开拓，于建安十三年（208 年）初打败黄祖，占领了荆州所属的江夏郡，成功将势力伸向荆州。

同年八月，刘表死后，鲁肃进一步劝说孙权要据守荆州、结交刘备，他说："荆楚与我国邻接，外有长江汉水的便利，内有山陵作为险阻，有金城一样的坚固城池，沃野万里，士民殷富，如果据而有之，就相当于拥有了成就帝王大业的依靠了。现在刘表刚刚去世，两个儿子素来不合，军中诸将又各有各的想法。再加上刘备是天下枭雄，与曹操也有矛盾，寄寓在刘表之处，刘表嫌恶刘备的能力而不能真正重用他。如果刘备与他们同心协力，上下一心，那么我们就予以安抚，和他们建立友好的关系；反之，如果他们之间离心离德，我们就应该另做打算，以成就我们更为重要的大业。"鲁肃的话内容有三：其一，荆州与我相邻，江山险固，沃野万里，士民殷富，如果我们占据了这块地方，就会成就将来的帝王之业。其二，现在刘表刚死，两个儿子相互争斗，军中将领又各有向背，不能够团结一心，正是占领荆州的大好时机。其三，刘备是天下英雄，与曹操有矛盾，所以寄寓在刘表那里，但是刘表对他心怀戒备而不能充分任用。如果刘备与他们齐心协力，那么我们就与他们结成同盟关系，共同对抗曹操。但是，如果他们像现在这样同床异梦，我们就可以一举夺取荆州，成就我们的帝王之业。所以，鲁肃请求代表东吴到荆州吊唁刘表，并趁机与其军中主要将领暗中联合，达成一致意见。然后，说服刘备安抚刘表诸将，同心抗曹。鲁肃认为，如果达到了这样的目的，天下大事也就成了。但是，如果我们不抓紧时间，恐怕会被曹操占了先机。

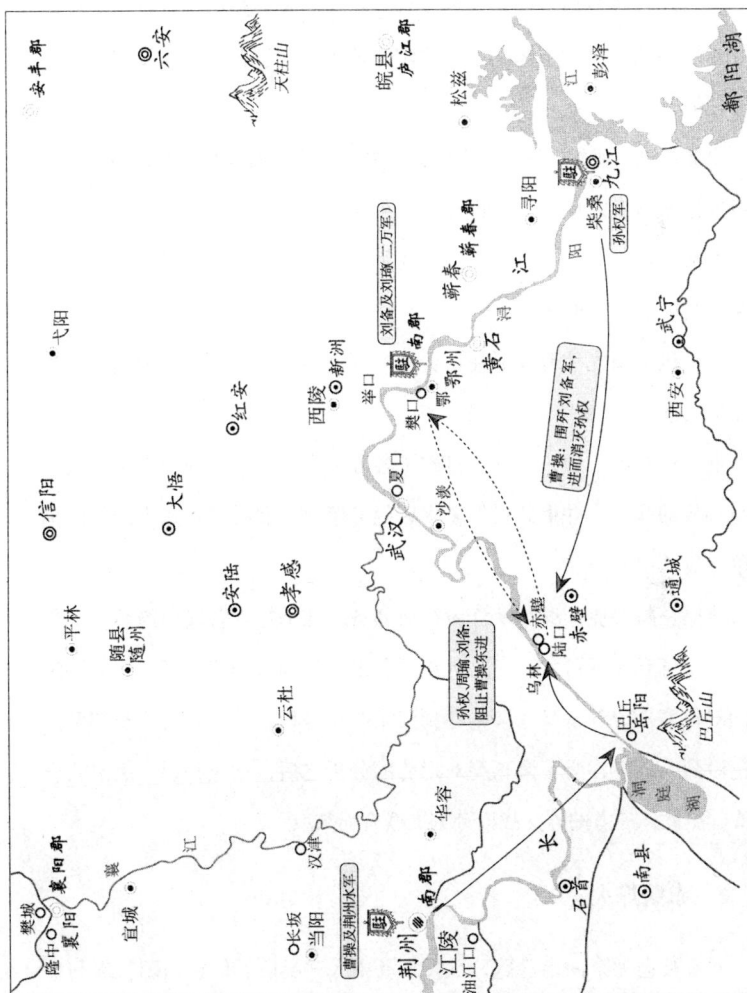

魏蜀吴三方的军事目标

孙权听后非常高兴，立即派遣鲁肃前往。但还是晚了一步，当鲁肃到达夏口的时候，曹操已经占据了荆州，而且已经迫降了刘琮。

鲁肃的想法与诸葛亮的谋划暗合，正说明了荆州的重要性。孙权本来就对投降之议极为不满，最终决定派遣周瑜、程普等前往夏口与刘备合力迎战曹操。

由此可见，曹魏、蜀汉、东吴都把荆州看作战略要地，并极力争夺。但各家陷于战乱之中，一方面在荆州外围攻城略地，杀伐并吞，一方面又小心翼翼窥伺荆州，寻找战机，视荆州为必取之地，一旦时机成熟，便会果断出击，占领荆州。

这个机会率先被曹操抓住，曹操顺利占领荆州之后，依附刘表的刘备被迫南逃。

荆州被曹操占领，一下子打破了各方势力的相对平衡，直接导致刘备与孙权的联合，并由此引发了之后的赤壁之战和战后长达十余年的荆州争夺战。

曹操一路大捷，继续从江陵征讨刘备，几乎把刘备逼向绝境。形势也使孙权感到岌岌可危，于是孙权派鲁肃面见刘备和诸葛亮，双方商定共同对付曹操。刘备又派诸葛亮到江东会见孙权。尽管东吴战与和两派争论激烈，最终在听了诸葛亮对形势的分析之后，达成共识，决定联合抗曹。至此，三方的外交战以孙刘的联合而结束。

2. 赤壁烽火

刘备被逼无奈向南逃跑，欲投靠苍梧太守吴巨，但在当阳长坂与鲁肃相遇。鲁肃见到刘备，当即将自己的来意向刘备说明。刘备正走投无路，当即满口应允。按照鲁肃的计策，刘备进驻战略要地鄂县（今湖北省鄂城市）樊口，并派遣诸葛亮面见孙权。

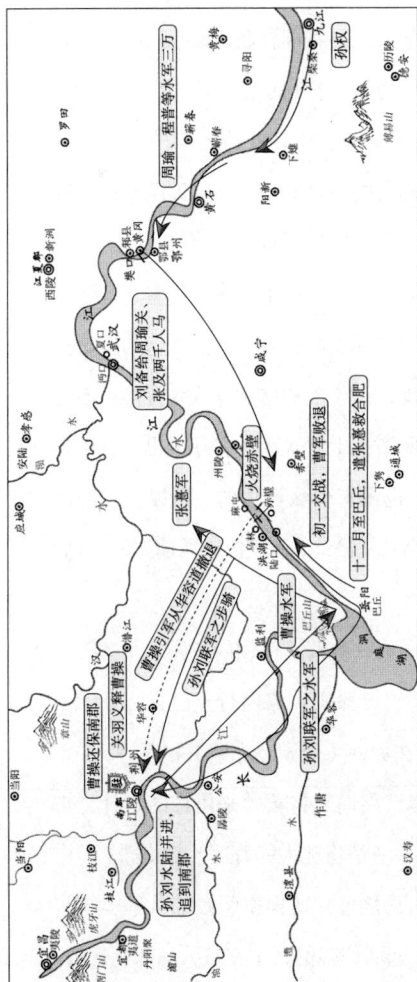

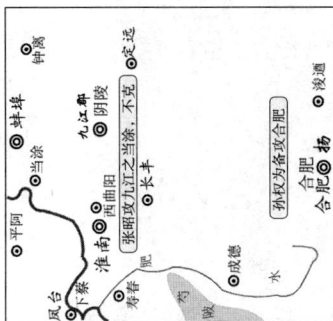

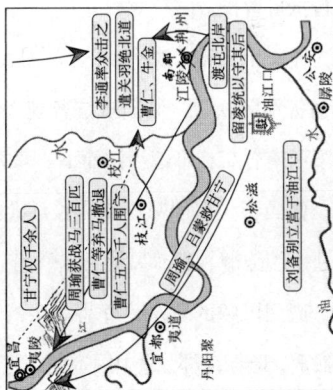

赤壁之战

主图标注（左上图）：

孙权

周瑜、程普等水军三万

刘备给周瑜关羽、张飞及两千人马

张喜军

火烧赤壁

初一交战，曹军败退

孙刘联军之步骑

曹操军之水军

孙刘联军之步骑

十二月至巴丘，遗张喜救合肥

曹操率众欲退

孙刘水陆并进，追到南郡

曹操还保南郡

关羽又释曹操

孙刘联军分据荆州

右上图标注：

孙权为备攻合肥

张昭攻九江之当涂，不克

合肥

右下图标注：

甘宁仅千余人

周瑜等率马撤退

曹仁等率马三百匹

李通率众击之

遣关羽绝北道

曹仁、牛金

渡江北上

留凌统以守其后

刘备别立营于油江口

吕蒙救甘宁

107

赤壁之战遗址

虽然鲁肃晚了一步，但面对曹操的巨大攻势，他还是在战略上稳定住了形势。尽管这时的刘备极其狼狈，但却拥有一定数量的军队，将刘备联合起来，不但增强了抗曹力量，有利于东吴应对曹军，同时也使刘备成了东吴抵挡曹军的第一道防线。刘备所驻之樊口，在随即到来的赤壁之战中更是发挥了重要作用。

曹操给孙权的书信内容不多，却迅速在孙权内部引起震颤。不少人认为应该投降曹操，但鲁肃和周瑜却认为曹操并不可怕，所谓八十万水军，实际上也不过十几万人，即便再加上刘表的七八万人，也没有什么可怕的，所以主张迎战曹操，周瑜自信只需五万人便可击败曹操。最终，孙权拨给周瑜三万人马，西行抵抗曹操。

建安十三年（208 年）十二月，周瑜、程普所率领的东吴水军数万，与刘备军队联合，共同抵抗曹魏大军。曹操则一路南行至巴丘（今湖南岳阳西南）后，继续沿江而下，双方在赤壁（今湖北赤壁）相遇。

曹操将大军船只停靠在长江北岸，周瑜部将黄盖采用诈降之计，带领数十艘战舰，趁着风势，点燃船只，一举将庞大的曹军舰船烧毁。

遭到惨败的曹军只好将剩余的船只烧毁，曹操率领残部从华容道步行撤离，退保南郡，途中因道路泥泞，老弱伤残的兵士又被人马踩死无数。行走到云梦大泽时，又因大雾弥漫而迷失了道路。最终，曹操留下曹仁驻守江陵城，自己率领军队北归。

赤壁之战，孙刘联军以少胜多，彻底改变了当时的政治格局。惨败的曹操，中止了统一全国的步伐；偏安江东的孙权实力进一步增强；最为受益的是刘备，由无立锥之地而分得了多郡领土。赤壁之战后，三足鼎立基本形成。

作为刘备的大将，关羽也引军参与了赤壁之战。《三国志·鲁肃传》裴松之注引《吴书》中，鲁肃与关羽谈及荆州归属时，关羽说："乌林之役（即指赤壁之战），左将军刘备也亲自参加了战斗，连睡觉都不敢脱去甲胄，与孙权合力打败了曹操，怎么也不能够是徒劳一场，分不得一块土地！你怎么还想着来收回荆州呢？"意思是说，左将军刘备亲自率军参加了赤壁之战，却没有得到一块土地，荆州是不能给你们的。

《三国志·先主传》裴注引《江表传》也说："刘备内心不相信周

湖北赤壁的赤壁之战古战场

瑜能够打败曹操，所以他带领着仅有的两千人马，与关羽、张飞一起，不肯将军队交给周瑜调度，大概是想给自己留一条后路吧。"可见，关羽与刘备、张飞共同带领了两千人参加了赤壁之战，只不过，他所率领的部队没有归周瑜统一调遣。在这里，刘备对周瑜没有信心，担心周瑜不能取胜，一旦失败的话，他要用这两千人马作为退路。

【链接】历史上有两个赤壁

赤壁之战发生在长江中游南岸的赤壁山（今湖北省赤壁市西北）。八百多年后的宋代神宗元丰三年（1080年），著名政治家、文学家苏轼因"乌台诗案"被贬到黄州（今湖北黄冈），黄州也位于长江沿岸，距赤壁之战的实际发生地大约二百千米。在黄州的长江岸边，岩石陡峭，层层叠叠，巍然屹立，颜色又呈赭红色，所以也被人们称为"赤壁"。

苏轼来到黄州江岸，看到开阔的江面和汹涌澎湃的江水，时而平缓前行，波澜不惊；时而在冲击石岸时，激起巨大的浪花，联想到自身遭

湖北省黄冈的东坡赤壁

110

遇，文思泉涌，创作出了大量的文学作品，尤其是他把此处视为发生赤壁之战的赤壁古战场而创作出来的《念奴娇·赤壁怀古》《前赤壁赋》《后赤壁赋》等作品，更是脍炙人口，千古传诵。

因为苏轼的这些作品影响巨大，人们便把位于黄州西北边的江岸称为"东坡赤壁"，或者是"黄州赤壁""文赤壁"，以与赤壁古战场的赤壁相区别。

时光荏苒，如今的东坡赤壁，远离长江达两千米，苏轼所看到的壮丽景观已不复存在。为了纪念苏轼这位史上少有的大文豪，历代黄州人利用东坡赤壁的山形地貌，依托山势修建了各种亭台楼阁。一方面，对苏轼表达敬仰之情；另一方面，也继承弘扬了优秀的传统文化。

3. 华容释曹

曹操在赤壁遭遇惨败，迅速率领残部撤退，途经华容道的时候，遇到了恶劣天气，狂风暴雨大作，道路泥泞难行。曹军令羸弱兵士搬来杂草铺垫道路，骑兵才得以通过。但是，这些兵士却在铺填道路的时候，被慌乱的人马踩踏，不少士兵陷入泥泞中难以自拔，死伤无数。

曹操逃出来之后，不但没有忧伤之色，反而异常兴奋，手下诸将问他为何如此高兴，曹操回答说："刘备的指挥能力与我不相上下，但是在算计上还是慢了一步，他没有想到我会走这条道路，假如说他猜到我们要走这条路的话，早一点派人在这里放上一把火，拦住我们的退路，我们就真的要葬身火海了。"

在曹操看来，能够逃出来算是幸运了，庆幸刘备没有在华容道布置兵力。其实，曹操想到的，刘备也想到了，只不过，刘备来到华容道放火的时候，曹操已经先期通过了。

曹操败退之后，刘备、周瑜水陆并进紧追不放，一直将曹操追赶到

华容古道

南郡（郡治江陵，今湖北江陵）才停下来。

曹操经过华容道庆幸刘备没有早点在此拦截，这是很有道理的。其实，在小说《三国演义》中，曹操就没有这么幸运了。《三国演义》第五十回"关云长义释曹操"描写道：曹操刚从泥泞中脱身出来，正在得意时候，突然一声炮响，关羽拦住了去路。"操军见了，亡魂丧胆，面面相觑。"曹操纵马向前与关羽搭话，关羽想起以前曹操待自己的恩情，便令军士闪开一条通道，"云长是个义重如山之人，想起当日曹操许多恩义，与后来五关斩将之事，如何不动心？又见曹军惶惶皆欲垂泪，越发心中不忍。于是把马头勒回，谓众军曰：'四散摆开。'这个分明是放曹操的意思。"曹操和手下将士立刻冲了出去，直到这时，曹军才算是脱离了险境。

赤壁一战，孙刘联军以少胜多取得全胜，而曹操则惨败而回。这次战役在历史上影响甚大，所以在后世各种三国故事中都有大量的描写。但是，这些三国故事主要站在"拥刘反曹"的立场上，对孙权、刘备一方大力渲染，尤其是在华容道故事中，关羽华容道义释曹操，突出了关羽对曹操的"义"，充分显示了关羽不忘旧情、感念旧恩的仁德之心。

4.江南立足

赤壁之战后，曹操退回江北，留曹仁、徐晃驻守江陵，令乐进驻守襄阳。

赤壁之战中收获最大的是刘备，取得胜利后，刘备封拜元勋，以关羽为襄阳太守、荡寇将军，驻守江北。关羽虽为襄阳太守，但襄阳为曹操所有，故关羽实际上仅仅盘踞在荆州，所谓"太守"，只是空名。所以，关羽带兵只能屯驻江陵。

刘备又任命刘琦为荆州刺史，向南征讨武陵（治临沅，今湖南常德）、长沙、桂阳、零陵四郡。结果，武陵太守金旋、长沙太守韩玄、桂阳太守赵范、零陵太守刘度尽皆投降。刘备以诸葛亮为军师中郎将，使督零陵、

利川

南　　郡

夷道　江陵　荆州　竟陵
宜都　　　荆州　　潜江
公安　　　江　华容
公安　　　　　　乌林
武　　陵　　　　　　赤壁
　　　　　　　　　　　赤壁

来凤
充县　慈利　零阳
桑植　澧　水
　　　　　　　　张飞取武陵，巩志为太守

永顺　张家界
迁陵　酉阳　临沅　武陵郡
保靖　　　常德　关羽五百名校
　　　沅　　　　刀手取长沙郡　罗县
沅陵　沅陵　资　　　　　　　汨罗

陵　　辰溪　益阳　益阳　湘
辰阳　　　　　　　魏延斩韩玄献城
　　　　　　刘备亲率军取零陵　长沙郡
　　　长　　沙　郡　临湘　长沙
新晃　　　　　　　湘潭　黄忠荐刘磐为太守
　　　冷水江　湘乡　湘南　株洲
三穗　　　　　湘乡　　　醴陵　醴陵
　　　　　　邵阳　　蒸阳　　　攸县　刘磐在攸县闲居
　　郡　　昭陵　　　　　容陵　攸县　茶陵
　　　武冈　都梁　　零　衡阳　郡县　茶陵
靖县　　　　　水　　　　中埋伏邢道荣殒命
陵　　　　　湘　零陵郡
　　　　　　永州　泉陵
郡　　　　　零陵太守刘度降刘备　桂
　　　　　　深
始安　桂林　营道　水　桂阳郡　阳
　　　水　　　　　郴州　郴县
　　　　　临武　临武　桂阳太守赵范降赵云　郡

刘备征荆州

114

桂阳、长沙三郡，调其赋税以充军实；以偏将军赵云领桂阳太守。

因此，赤壁之战后，荆州实际上已经被一分为三：曹操占领了南阳与襄阳等郡，重点据守襄阳；刘备占领了南郡、长沙、零陵等郡，驻守公安；孙权占领江夏。

在刘备大举抢占地盘的时候，曹军将领曹仁却和吴军将领甘宁展开了一场夷陵（今湖北宜昌市东南）争夺战。

甘宁在夷陵，手下仅有数百兵士，再加上新招募来的士兵，也仅仅满千人。曹仁率五六千人包围了甘宁。一连多天，曹仁主动发起进攻。曹仁在周围设置高楼，箭支像雨点一样射向城内，甘宁兵士大为恐惧，而甘宁却谈笑自若。与此同时，甘宁派遣使者求救于周瑜。周瑜部将认为自己的兵力也太少，没办法分兵救援甘宁。吕蒙却对周瑜、程普说："把凌统留下来就够了，我和你们一起救援甘宁，本来解甘宁之围就需要速战速决，不会停留多长时间的。我保证凌统能够坚守十天。"然后，吕蒙又建议周瑜另外派遣三百人用木柴阻断险道，敌人逃走时可以趁机抢夺敌人马匹。周瑜听从了吕蒙的意见，迅速率军到达夷陵，并立刻投入战斗。结果敌人死伤过半，趁着夜晚狼狈逃走。途中又遇到木柴阻挡了道路，骑兵不得不舍弃马匹步行，追赶他们的吴军又对他们发动突然袭击，曹军逃走后，吴军三百匹马轻松到手。力量倍增的吴军，渡江屯扎，攻击曹仁。周瑜又联合刘备，包围曹仁于江陵，另派遣关羽堵绝曹军北道。曹仁不得不率军撤离放弃江陵。于是，南郡被吴军占领，荆州安定。

为了扩大战果，孙权亲自率领部队包围合肥，又派张昭进攻九江当涂。张昭出师不利，未能取胜；孙权进攻合肥一个多月，也没有将合肥攻克。曹操从荆州返回后，派遣张喜率领骑兵支援合肥，张喜还未走到，孙权便撤退了。

建安十四年（209年），周瑜任南郡太守，屯据江陵；周瑜将南岸地

征四郡时刘备后方部署

划归刘备。南岸指荆江南岸，包括零陵、桂阳、武陵、长沙四郡之地。刘备别立军营于油江口，改名为"公安"。这时，荆州牧刘琦病死，刘备自领荆州牧，屯公安。看到刘备又回到了荆州，原来刘表的属下吏士纷纷背叛曹操，投奔刘备。

建安十五年（210年），刘备以周瑜所给土地太少、不足以安民为由，亲自赴京口（今江苏镇江市）面见孙权，要求都督荆州八郡，亦即除周瑜已经给过的江南四郡之外，还想得到江、汉间四郡。周瑜等人极力劝阻，但不久周瑜病亡，鲁肃代领周瑜之兵。鲁肃劝孙权答应刘备要求，以共同阻遏曹操，孙权应允。刘备终于如愿继续扩大了统治地盘。

曹操听说刘备成功借得荆州，大吃一惊，连手中的笔也不知不觉地掉在了地上。

至此，一直以来寄人篱下、无立锥之地的刘备，终于在江南建立了自己的地盘，为以后向西川发展打下了坚实的基础。

【链接】关公"战长沙"的故事渊源

在三国故事和三国传统戏剧中，有一出著名的《战长沙》，又叫《义释黄汉升》，《三国演义》第五十三回回目就叫"关云长义释黄汉升"。这个故事说的是关羽与"五虎将"之一黄忠的交锋。黄忠原系长沙太守

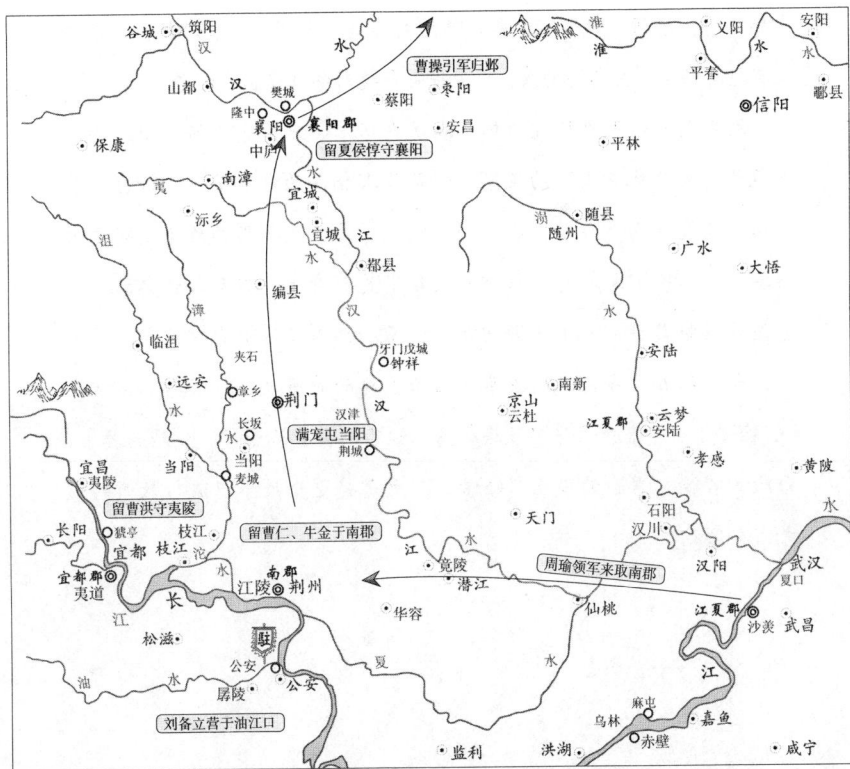

曹操撤退后的三方态势

韩玄部将，刘备占领荆州之后，令关羽攻打长沙，韩玄命黄忠出战，关羽使用拖刀计，黄忠马失前蹄，关羽却放走黄忠，让其回去换马再战。黄忠心中感激。次日两人再次交手，射箭技艺百步穿杨的黄忠，故意避开关羽咽喉，而射中关羽盔缨，以报关羽昨日不杀之恩。这一切都被韩玄看在眼里，他怒责黄忠通敌，要斩杀黄忠。这时，魏延押粮归来，杀死韩玄，与黄忠同降刘备。

这个故事纯属虚构，《三国志·黄忠传》载：黄忠为刘表的中郎将，与刘表的侄子刘磐共同驻守长沙攸县（今湖南攸县东北），直到刘备南征四郡之时，黄忠一直在攸县驻守。攸县属长沙郡，刘备迫降了长沙太守韩玄，黄忠便也投奔了刘备，跟随刘备进入益州。《黄忠传》并未涉及黄忠与韩玄、关羽的关系，更没提关羽随刘备征战长沙之事。

元杂剧《走凤雏庞掠四郡》和讲史话本《三国志平话》中，首次出现了"关公战黄忠"的故事。但是二人相斗的结果是不见输赢，最后由诸葛亮出面劝降了黄忠。到了明代，关公战黄忠的故事变得更为圆满，《三国演义》将人物重点放在了关羽身上，关羽与黄忠的交战也渲染得极其精彩。《三国演义》之后，故事又逐渐走向民间，越来越为大众所知，成为三国故事中极为经典的故事之一。著名的京戏歌《唱脸谱》："蓝脸的窦尔墩盗御马，红脸的关公战长沙，黄脸的典韦，白脸的曹操，黑脸的张飞叫喳喳！"更是将这个故事以流行歌曲的形式大加颂扬。

独镇荆州 第九章

1. 肩负重任

关羽屯兵江陵之后，与刘备屯兵孱陵（今湖北公安县西）、张飞屯秭归（今湖北秭归）、诸葛亮据南郡形成犄角，东敌孙权之势，西面觊觎益州。此时孙权派兵帮助刘备抵挡曹操，曹操不得已而退守。

建安十六年（211年），益州牧刘璋听说曹操将派遣钟繇等向汉中（今陕西汉中）讨伐张鲁，十分恐惧。其别驾从事张松劝说刘璋迎接刘备入川，刘璋欣然同意，并派遣法正带领四千人迎接刘备，刘璋前后送给刘备的财物以巨亿计。早已将益州纳入自己目标的刘备，喜出望外，见到法正就详细问询了益州的山川形势、兵器府库、人众多寡，以及关塞隘口、道路远近等情况，法正、张松一一作答，还陈述了刘备如何得到益州的方略，画出了山川位置地图。刘备因此对益州了如指掌。

其实，早在建安十三年（208年），曹操征讨荆州的时候，刘璋就派遣使者向曹操表达敬意。曹操上表任命刘璋为振威将军。刘璋派遣别驾从事张松面见曹操，而曹操却对张松不太礼遇，张松心怀不满，回来后

119

就劝刘璋与曹操断绝关系，转而结好刘备。刘璋听从了张松的话。

刘备率步卒数万人西定益州，留下诸葛亮、关羽等据守荆州。

建安十七年（212年）十月，曹操征讨孙权，孙权向刘备求援。同时，关羽在襄阳西北三十里的青泥河被曹军大将乐进击退。刘备借此机会向刘璋索取一万兵力和大量物资抵御乐进、支援孙权。但是，刘璋只答应给他四千兵力，物资也均减半。刘备十分不满，此时的刘备在西川已经站稳了脚跟，实力大增，所以他与刘璋公开对抗，双方发生了激烈的冲突。

在这种情况下，刘备将诸葛亮、张飞、赵云等召往西川，诸葛亮、张飞、赵云等将兵溯流而上，平定了白帝、江州、江阳等地。

诸葛亮等人走后，只留下关羽镇守荆州，刘备拜关羽为都督荆州事。从此，关羽肩负重任，开始了独镇一方的重要人生历程，书写了华丽的人生篇章。

荆州关帝庙（关公府旧址）

120

南郡为周瑜的领地

刘备所借东吴的土地

荆州

南 阳 郡

江 夏 郡

南 郡

武 陵 郡

长 沙 郡

零 陵 郡

桂 阳 郡

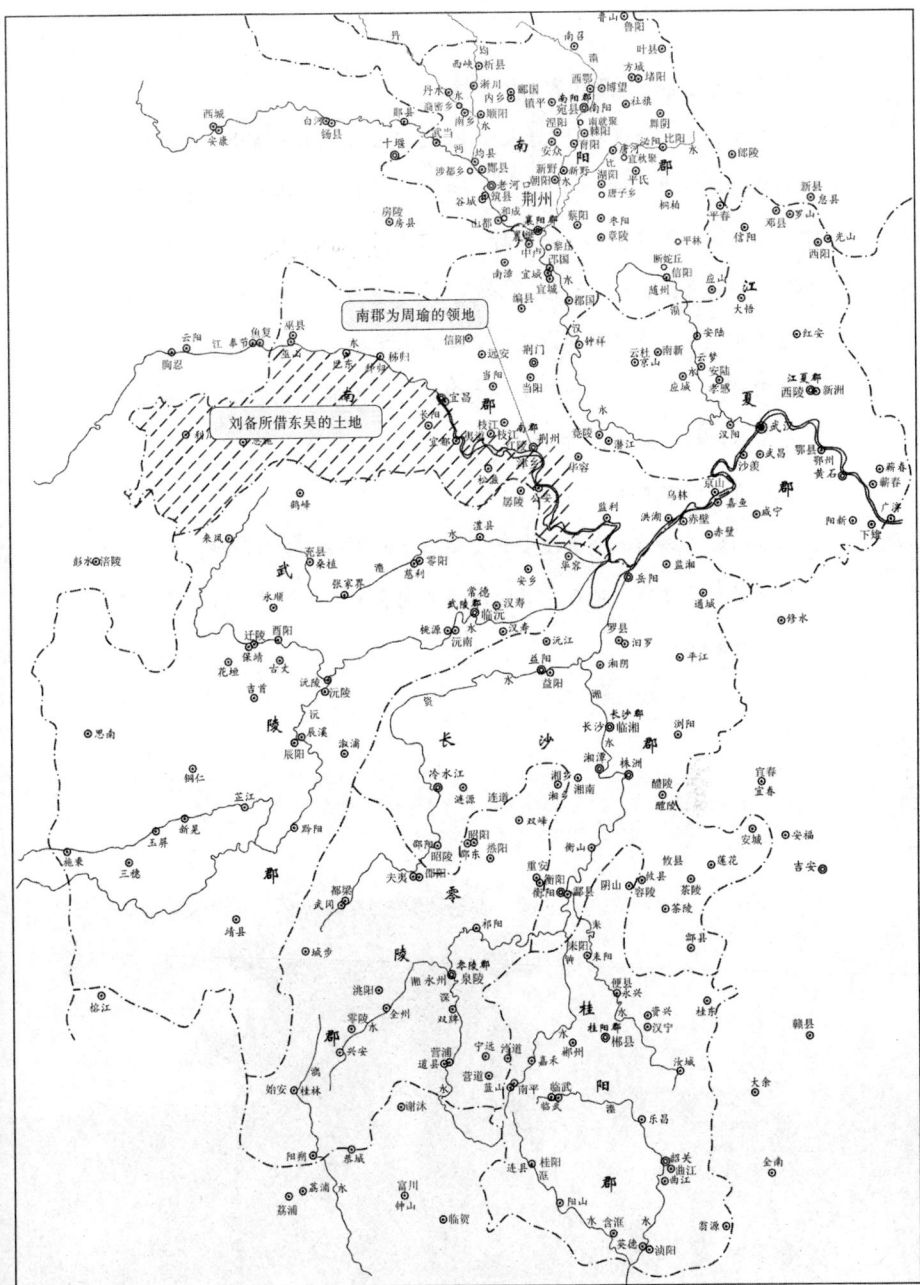

荆州南郡与江陵的关系

【链接】荆州地理位置的重要性

荆州属于今湖北省，位于长江中游，西汉武帝时所置十三刺史之一，原为监察区，汉末演变为行政区。东汉时，荆州下辖七郡，分别是南阳郡（治宛，今河南南阳）、南郡（治江陵，今湖北江陵）、江夏郡（治武昌，今湖北鄂城）、长沙郡（治临湘，今湖南长沙）、桂阳郡（治郴县，今湖南郴州）、武陵郡（治临沅，今湖南常德）、零陵郡（治泉陵，今湖南零陵）。三国时，曹魏又分南阳郡为义阳郡（治安昌，今湖北枣阳东）和南乡郡（治南乡，今河南淅川）。随着时局的动荡，其他各郡辖区、名称也有不同程度的变化。

荆州位于今河南南部及湖北、湖南大部地域，是当时中原南下、东西贯通的交通要道，地理位置优越，又拥有丰富的物质资源，是历来兵家必争之地。

荆州古城

献帝初平元年（190年），刘表任荆州刺史。面对战乱，刘表依靠襄阳士族蒯良、蒯越、蔡瑁等人的协助，站稳脚跟，并移治襄阳，开启了荆州长达近二十年的黄金时期。在这近二十年的时间内，刘表采取"自守"策略，虽然他拥有十余万的军队，却从不主动出击，使荆州成为当时全国少有的富庶、安宁之地，士人争相归往。

荆州的重要地理位置及其优越的人文环境，令各路军阀久存觊觎之心，最终导致了以赤壁之战为转折点的荆州争夺战，也给战后关羽独镇荆州、施展身手提供了一个广阔的空间。

2.傲视群雄

据守荆州，是关羽一生最为辉煌的时期，也是他一生为蜀汉政权尽心尽力的最后时刻。这个时期的关羽充满自信，豪气凌云，傲然屹立于群雄之中，不但奠定了关羽在三国英豪中的地位，也使关羽成为中国历史上威名显赫的英雄。

建安十九年（214年），刘备进攻雒城（今四川省广汉县）。雒城被攻破后，刘备又进一步包围成都，数十日后，刘璋投降。刘备领益州牧，这时，刘备周围人才济济。《三国志·先主传》记载："诸葛亮为股肱，法正为谋主，关羽、张飞、马超为爪牙，许靖、麋竺、简雍为宾友。及董和、黄权、李严等本璋之所授用也，吴壹、费观等又璋之婚亲也，彭羕又璋之所排摈也，刘巴者宿昔之所忌恨也，皆处之显任，尽其器能。有志之士，无不竞劝。"《先主传》裴注引《傅子》还引述了当时的丞相掾赵戬与征士傅干的一段对话。当赵戬听说刘备要进攻蜀地的时候，他说："刘备不是什么事都做不成吗？用兵拙劣，每战辄败，整天忙于逃亡，怎么有能力去占领别人的土地？蜀地虽小，四面艰险牢固，是独守一方之国，凭借刘备的能力，难以立刻吞并它啊。"傅干却不这么看，他说："刘备宽仁有度，能够得到手下的以死效劳。诸葛亮通晓治理之道，善于权变，端正而有智谋，他担任着丞相这个重要职位。张飞、关羽勇敢且重道义，都具有足以抵挡万人的将才，他们都是刘备手下的大将。这三个人，都是人间豪杰啊。凭着刘备的谋略，三人鼎力辅佐他，什么事办不成啊？"在这里，傅干高度评价了关羽等人。

另据《吴书》记载，东吴大将吕蒙与陆逊在谈到关羽镇守荆州时也说："关羽非常勇猛，我们很难抵挡得住他，更何况现在已经占据荆州，恩德与信义大行于天下，再加上他取得了不小的战功，胆略与气魄更加旺盛，不容易对付啊。"可见关羽在镇守荆州中，逐渐树立了自己的威望，为蜀汉政权的建立创造了良好的条件。

从荆州到益州，刘备又完成了一大跨越，为建立蜀汉政权打下了坚实基础。关羽作为看守蜀汉东大门的将领，也受到刘备的高度重视，刘备能够将镇守荆州这样重要的任务交给关羽，本身就说明了对关羽的信任。

当然，独当一面的关羽，此时也表现出了在政治方面的不足和性格方面的缺憾。

这些不足和缺憾首先表现在对其他将领的藐视上。刘备包围成都时，马超秘密投书刘备要来投降，刘备派人迎接马超，马超带兵径直来到城下。城中震动，几天之后，刘璋束手就擒。由此可见，马超在当时的影响。远在荆州的关羽，竟然担心马超超过自己，他写信给诸葛亮，问马超的能力可与谁相比。诸葛亮非常清楚关羽的心思，回答说："马超文武双全，雄烈过人，是一世豪杰，与当年高祖刘邦手下的大将黥布、彭越是一样的威猛，可以和张飞并驾齐驱了，但是和你关羽相比，他没有你冠绝群雄啊。"关羽得到了书信极为高兴，立刻将书信展示给周围人观看。关羽的这种行为反映了他在为人处世方面还显得不沉稳，作为镇守一方

洛阳关林关公像

的将领，心胸也不该如此的狭隘。

《马超传》裴松之注引《山阳公载记》也记载了一件类似的事：马超因为看到刘备待自己很好，便在无意之中与刘备缩短了距离，在谈话中常常呼喊刘备的字，关羽看到后非常愤怒，请求杀掉马超。刘备认为不可，就因为人家称呼我的字，就把人家杀了，你让天下人怎么看我呢？张飞建议应该让马超知道什么是礼敬。第二天，刘备大会群臣，也请了马超参加，关羽和张飞都手持长刀，肃立在刘备身边，马超进来后先朝座位上看了一眼，却没有看到关羽和张飞，突然发现二人拥刀站立，大吃一惊，知道了二人的用意，以后再也不敢直呼刘备的字了。第二天，马超感叹说："我现在才知道为什么会失败，是因为直呼人主的字啊，差一点就被关羽、张飞杀了。"以后，马超对刘备就变得极其恭敬。当然，这件事情的真实程度，令后来的史学家也表示怀疑。裴松之就认为这件事不真实，其一，马超是投降刘备的，他的爵位也是刘备封给他的，怎么会对刘备如此傲慢无礼，以至于直呼刘备的字？其二，刘备入蜀后，关羽被留在荆州镇守，并不在益州，所以他听说马超归降，才给诸葛亮写信问马超是怎么样的人，怎么会和张飞一起拥刀而立呢？其三，一般人做什么事，都有他做事的道理，知道不可以做的时候，他就不会去做。马超如果真的直呼刘备的字，他也会认为是可以这么称呼的。其四，退一步说，关羽真的请求刘备杀掉马超的话，应该是他们之间的对话，马超怎么会知道？为什么马超看到关羽和张飞拥刀站立，就知道是因为自己直呼刘备的字才来威胁自己的？还说差一点就被他们杀掉了？凡此种种，说明这件事是作者没有经过认真思考记载下来的，不可相信。

不管这件事的真伪如何，至少可以说明一点：在心高气傲的关羽心中，只有刘备才是自己值得敬仰的人。

关羽之傲慢自大有时连诸葛亮也让其三分。《黄忠传》载，建安

126

二十四年（219年），刘备为汉中王，欲用黄忠为后将军，诸葛亮便劝阻刘备，担心关羽"不悦"。

关羽的这种思想和性格，为他以后的失败埋下了祸根。

3.单刀赴会

关羽镇守荆州之后，因荆州的特殊地理位置，吴、蜀双方展开了激烈的争夺。

建安二十年（215年），孙权以刘备已取得益州为由，派遣诸葛瑾向刘备索要荆州，刘备借故推托说："我现在正计划占领凉州，等我们得到了凉州以后，再把荆州全部还给你。"孙权极其恼怒说："这是借东西不还啊！想找这个借口拖延时间！"于是，吴蜀矛盾加剧。孙权不管刘备是否同意，就径直向长沙、零陵、桂阳三郡派遣官员，可是这些官员都被关羽赶跑了。

孙权更加生气，为了给刘备一点颜色看看，派遣吕蒙率领鲜于丹、徐忠、孙规等将领，带兵二万夺取长沙、零陵、桂阳三郡；派遣鲁肃带领一万人驻扎在巴丘（在今湖南岳阳市西南部），以防备关羽。孙权本人也亲率部队驻扎在陆口（今湖北嘉鱼西南），指挥协调各路军马。吕蒙率军到达以后，长沙、桂阳二郡立刻归降，而零陵太守郝普坚守不降。

这时，刘备也不示弱，亲自率领五万大军顺江而下到达公安，令关羽带三万精锐之师进驻益阳（今湖南省益阳市西）。关羽还从这三万人马当中精心挑选出五千精锐，与鲁肃对峙。孙权马上调遣部队应对，他令吕蒙带兵协助鲁肃，抵御关羽。

吕蒙到了以后，派人诱降郝普，郝普投降。这样一来，孙权将三郡尽皆收回。吕蒙率军返回，与孙皎、潘璋、鲁肃部队协同并进，与关羽相拒于益阳。双方调兵遣将，剑拔弩张，大战一触即发。

不过，双方都没有失去理智，也都非常清楚，主要敌人是曹操，而不是对方，所以都不愿鱼死网破，而是在想办法解决冲突。

　　要解决冲突，最好的办法就是双方坐下来，面对面商谈。于是，与关羽同驻守在益阳的鲁肃率先伸出了橄榄枝，他约请关羽协商相关事宜，双方商定，部队各自驻扎在百步之外，只让主帅单刀赴会。就这样，鲁肃决定到关羽军营面见关羽。

　　虽然双方商定是和谈，但是在战场上兵戎相见的情况下，危险随时会发生，更何况鲁肃是以智慧取胜，而关羽则以武勇见长。所以，鲁肃部将还是担心鲁肃会发生意外，就建议鲁肃取消和谈。但是，鲁肃认为不会有危险，他说："今天双方和谈之事，就是要把事情给说清楚，刘备对不起我们，双方的是是非非还有待于面对面说清楚，关羽怎么会违背刘备的意旨单独行事！"就这样，鲁肃毫不犹豫地前往赴会。

荆州关羽祠关公像

见面之后，关羽对鲁肃表示不满说："乌林之战，左将军刘备亲自参加了战斗，寝不脱介，与吴合力破魏，怎么会徒劳一场，没有分得一块土地呢！你现在不该来向我们要回土地啊！"鲁肃回答

《单刀会》剧照

说："你说的不对，当年刘豫州在长坂坡的时候，狼狈至极，所带兵力极其弱小，不堪一击，智计全无，希望破灭，意志瓦解，只想着远窜苍梧，你们怎么也不会想着会在荆州立足。是我们主上可怜刘豫州栖身无所，不惜土地之大和士人之力，帮助你们渡过难关，让你们有所依靠。但是，刘豫州却为了一己之利，不顾我们的真诚款待，违逆道德，毁弃友情。现在已经占有西州了，还想着剪并我们荆州的土地。这些行为连一般凡夫俗子都不忍心去做，更何况是引领一方的领袖人物呢！我听说贪婪而背弃信义之人，一定会招来祸端。而将军你身当重任，竟然不能明晰事理，恰当处置，以道义辅佐时局，反而是依仗强大的军队，图谋得到不属于自己的东西，到时候因师出不义而招致失败，你还能够从哪里得到帮助呢？"面对鲁肃的诘难，关羽竟无言以对。

鲁肃还理直气壮地斥责关羽说："我们之所以诚心诚意地将土地借给你们使用，是因为你们遭遇兵败，长途奔波，无处立足。现在，你们已经取得了益州，不但不把整个荆州归还给我们，甚至我们只要归还我们三郡，你们也不同意。"鲁肃话未说完，座位上有一个人就插话道："土地是有德行的人才能得到的，哪里有什么你们我们的！"鲁肃立刻满脸怒容地呵斥这个人说话不讲道理，言辞犀利。关羽一看鲁肃发怒，也手

握刀剑站起来解释说："这是国家的事，这个人怎么会清楚！"之后给这人使眼色，让他迅速离去。

鲁肃到关羽营中的"单刀会"，是更加理智的鲁肃希望化解双方矛盾而采取的积极、有益也是冒险的行为。会见中，双方谈论最多的是荆州问题，尽管依然没有什么结果，但是对于双方当时一触即发的危局，有很好的缓解作用。

正在双方相互僵持、互不退让的关键时刻，二月，曹操攻入汉中，赶跑了张鲁。刘备怕益州丢失，便遣使与孙权讲和，双方商定以湘水为界，东面的长沙、江夏、桂阳三郡属孙权；西面的南郡、零陵、武陵三郡属刘备。随后，刘备率军回到江州（今重庆市北），又派黄权带兵去迎接张鲁，但张鲁已经投降了曹操。

【链接】改变历史真相的"单刀会"

单刀会本来是由鲁肃提出，经关羽同意之后，鲁肃冒险亲赴关羽大营，双方进行的会谈。因为关羽一方是从东吴借来的荆州，并不占理，所以在会谈中，鲁肃一方占据主动。在鲁肃严辞斥责之下，关羽理屈词穷，无力应对，反而是鲁肃显得辩才无碍，滔滔不绝。

但是，随着三国故事在民间的传播，人们在情感上越来越倾向于关羽，所以单刀会的主角也悄悄地发生了改变。

在宋末元初说书艺人所依据的底本《三国志平话》和元代大戏剧家关汉卿的《单刀会》剧本中，单刀会的结构有了新的变化，会谈的地点变成了东吴大营，单刀赴会的人物也成了关羽。

《三国志平话》的单刀会故事情节非常简单。鲁肃邀请关羽单刀赴会，关羽只带了五十余人，南赴鲁肃营寨，而鲁肃却带着三千军马。宴会间，吴军借乐调"宫商角徵羽"连续三次大喊"羽不鸣"来奚落关羽，关羽大怒，捽住鲁肃呵斥，鲁肃只好伏地求饶，关羽免鲁肃不死，上马回荆州。关汉卿的《单刀会》情节就变得更加复杂、惊险，故事一开始，鲁肃就邀请关羽过江赴宴，并设下三条计策：先依礼节索要荆州，如不归还，再将关羽扣留，强迫关羽归还荆州，如果还不归还，就在宴会上暗藏甲士将关羽囚禁。而关羽一出场就显得威风凛凛，气贯云霄。宴会上，关羽义正辞严，当鲁肃索要荆州时，关羽以荆州是汉家基业、与东吴没有关系为由，大加呵斥。最后，在儿子关平和众大将的保护下，关羽登船而去。明代罗贯中的《三国演义》中，单刀会的故事情节与关汉卿的剧本故事已经很接近了，只是在细节安排上更加详尽。

改变了历史真相的单刀会，凸显了关羽智勇双全的英雄形象，因其人物形象突出、结构设计巧妙、故事情节惊险而成为三国故事中最为经典的故事之一。

4.拜将假节钺

吴、蜀紧张的氛围解除以后，关羽从容镇守荆州有三四年的时间。在这几年中，关羽东拒孙权，北抗曹操，为刘备在西川发展提供了重要的军事保障。此时的刘备也在西川取得了重大胜利。建安二十三年（218年），刘备率诸将进兵汉中，派遣将军吴兰、雷铜等人进入武都（今甘肃西和县南），但吴兰、雷铜被曹操打败。刘备将部队驻扎在汉中附近的重要关隘阳平关，与曹军将领夏侯渊、张郃对峙。建安二十四年（219年）春，刘备从阳平关南渡沔水，继续前进，在定军山下安营扎寨。夏侯渊前来征战，被老将黄忠打得惨败，夏侯渊和曹操任命的益州刺史赵颙等人尽皆被斩。曹操听说夏侯渊被杀后大怒，亲自率军从长安南征刘备。但刘备占据险要地势，不与曹操作战。一连数月，曹军死亡人数越来越多，无奈，曹操只好放弃汉中率军返回。

五月，刘备占领汉中，在西蜀基本巩固了自己的势力。

荆州关羽祠

为了更好地发展蜀汉的实力，与曹操、孙权相抗衡，并尽力匡扶汉室，七月刘备自命为汉中王。与此同时，分封各级官爵，以许靖为太傅，法正为尚书令，关羽为前将军，张飞为右将军，马超为左将军，黄忠为后将军。

关羽拜前将军，假节钺，位列"五虎上将"之首，这是关羽一生最高的官职。所谓"假节钺"，是指君主赋予大臣生杀予夺之权。也就是说，关羽驻守荆州，刘备给了关羽可以代刘备行使职责的权力。

关羽被授予前将军，是刘备派益州前部司马费诗到荆州给关羽授予印绶的，当时还发生了一个小插曲。费诗来荆州授予关羽印绶的时候，关羽也听说了黄忠和自己的职位一样，就非常生气，他对费诗说："男子汉大丈夫不愿意与一个老兵站在一起！"盛气之下，他竟然不肯接受印绶。费诗很了解关羽的心理和秉性，他对关羽说："王者要建立大业，

132

用人不能只有一个标准。过去萧何、曹参与高祖刘邦年轻时关系就很好，而陈平、韩信是从敌营归降过来的，刘邦在封官拜爵时，封韩信为王，而萧何、曹参却只是侯爵，也没有听说萧何、曹参因此而怨恨高祖。现在，汉中王刘备因要建立兴复汉室的功业，他加封这些人的官爵，其用意轻重，怎么能够与你相比呢！更何况，汉中王刘备与你就像是一个整体，休戚与共，祸福同担。我私下认为，你不应该把官职高低、爵禄多少放在心上。我不过是汉中王派来的使臣，是奉命来办事的，如果你不接受印绶，那么我就回去了，只不过我担心你这样做会后悔的。"经过费诗的一番劝慰，关羽立刻明白了过来，随即接受了印绶。

经过几年的驻守，关羽在荆州的威望大大提高，也使蜀汉政权的影响更为扩大，此时的蜀汉政权进入了一个前所未有的强盛时期。这些，也为关羽随后主动出击曹魏打下了坚实的基础。

【链接】"借荆州"的来龙去脉

赤壁之战的第二年，即建安十四年（209年）正月，刘表的儿子荆州牧刘琦病亡，孙权上表任命刘备为荆州牧，屯公安。周瑜任南郡太守，屯据江陵，将南岸地划归刘备。南岸指荆江南岸，包括零陵、桂阳、武陵、长沙四郡之地。为了进一步笼络刘备，孙权将自己的妹妹嫁给刘备，想借此稳定荆州的局势，维持同刘备的同盟关系。刘备别立军营于油江口，将油江口改名为"公安"。

建安十五年（210年），刘备以周瑜所给土地太少、不足以安民为由，亲自赴京口（今江苏镇江）面见孙权，要求都督荆州八郡，亦即除周瑜已经给过的江南四郡之外，还想得到江、汉间四郡。周瑜等人极力劝阻，认为应该给刘备盛筑宫室，广置美女，将他与关羽、张飞分隔开，然后出兵占领他们的土地，而不应该增加其地盘。鲁肃和周瑜的意见刚好相反，认为应该把荆州借给刘备，以此阻遏曹操。不久，周瑜病亡，鲁肃代领周瑜之兵。鲁肃劝孙权答应刘备的要求，孙权考虑到要在荆州和淮南两地应对曹操的攻击，想让刘备在荆州抵挡曹操，减轻自己的压力，最终应允了鲁肃的提议。由此，荆州正式"借"给了刘备。

建安十六年（211年）十二月，曹操攻占汉中，益州牧刘璋邀请刘备入蜀，孙权之前也想得到益州，被刘备拒绝，所以，他听说刘备入蜀之后大怒，将妹妹接回。吴蜀联盟出现裂隙。

建安十七年（212年），刘备与刘璋矛盾公开化，将原本驻守在荆州的诸葛亮、张飞等人调往益州，留下关羽独守荆州。

建安十九年（214年），刘备占据益州。次年，孙权派人向刘备索还荆州，被刘备拒绝。孙权大怒，双方矛盾激化。孙权派人强行接管长沙、零陵、桂阳三郡，派到三郡去的官员被关羽驱逐。吕蒙又率部先后占领三郡，同时，刘备、孙权各自带兵坐镇，双方兵戎相向，大战一触即发。恰在此时，曹操再次进攻汉中，刘备只好妥协，双方以湘水为界，平分了南部荆州。

建安二十四年（219年）七月，刘备自称汉中王，加封关羽为前将军，假节钺。接着，关羽北伐襄阳失败。孙权派遣吕蒙偷袭荆州。十二月，关羽于麦城被杀，荆州最终回到孙权手中。

第十章

威震华夏

1.水淹七军

刘备在汉中称王的同时，即建安二十四年（219年）七月，关羽趁孙权进攻合肥、曹操将襄阳部分兵力调往合肥的机会，留下南郡太守糜芳驻守江陵、将军傅士仁驻守公安，自己亲率主力，展开了襄阳袭击战。

襄阳、樊城隔汉水相对，樊城由曹操的族弟、镇南将军曹仁率兵驻守，襄阳由另一大将吕常驻守，平寇将军徐晃驻扎在宛城。关羽进攻襄樊后，曹操又派于禁和庞德率部支援曹仁，曹仁让于禁和庞德屯驻樊城北侧。

八月，大雨滂沱，穿城而过的汉水暴涨，平地积水数丈之高。面对如此巨大的暴雨，于禁措手不及，所率七军共三万人悉数被淹，全军覆没。于禁与诸将仓皇登上高处，躲避洪水，关羽见状，迅速乘坐大船对他们进行攻击，于禁走投无路，不得不投降了关羽。

曹军另一员大将庞德被曹仁派遣到樊北十里的地方驻扎，在一连十几天暴雨肆虐、汉水暴涨的时候，庞德与诸将在河堤上避水。关羽乘坐大船，命令士兵从四面八方向庞德将士射箭。庞德身披铠甲，手握弓箭，

135

水淹七军

瞄准敌军，箭不虚发。在双方力量悬殊的情况下，庞德手下的将军董衡、部曲将董超等欲投降关羽，庞德大怒，将他们尽皆斩杀。庞德从早晨奋力拼杀，一直杀到午后，敌人却丝毫不见减少，反而关羽越攻越急，气势越来越盛。庞德弓箭用尽，便持短刀拼杀。他对督将成何说："好的将领不能因畏惧死亡而苟且偷生，壮士不能毁坏名节而求得生存。今天，就是我死的日子了。"庞德盛怒之下，越战越勇，气壮山河。但是，暴雨越下越大，庞德手下的将士无力抵挡，尽皆投降。庞德无奈，便乘坐小船向曹仁大营返回，小船却被巨浪掀翻在河水中。庞德在水中双手紧抱已经翻了的小船，无法脱身，最终被关羽俘获。

作为俘虏的庞德，在关羽面前毫不屈服，他立而不跪，气势凛然。关羽十分了解庞德的秉性，就劝降他说："你哥哥在汉中，帮我们做事，我也可以封你为大将，你趁早投降吧。"不料庞德听后破口大骂说："小子，什么叫投降啊！我们魏王带甲百万，威振天下；你们的刘备不过是个庸才罢了，哪里是我们的对手！我宁愿做国家的鬼，也不做贼人的将！"愤怒的关羽立刻将庞德斩杀。

魏王曹操听说了于禁和庞德的事，为庞德不屈而死悲伤落泪，又为于禁之降无限惋惜。他深有感触地说："我和于禁相处了三十年，从在兖州的时候，于禁就是大将，怎么也想不到临危处难的时候，反而还不如庞德啊。"庞德的勇武是出了名的，甚至连对手都很畏惧他。在军中他常骑白马，关羽军中称他为"白马将军"，他曾经射中关羽前额，所以，关羽手下的将士都很害怕他。当初，因为庞德的堂兄庞柔在刘备手下做事，樊城的将士还怀疑庞德对曹操的忠心，庞德听说后就说："我是蒙受国家的恩德，会为国而死。我要亲自与关羽交战，今年要么我杀死关羽，要么关羽把我杀死。"可见，庞德是下定决心要效死疆场的。因此，庞德之死，对曹军来说确实是一大损失，而对关羽来说却是除掉了一个令将士胆寒的对手。

双方刚一交手，曹军两员大将一死一降，给关羽提升了士气，关羽乘胜出击，下令部队急攻樊城。而城内因积水太多，不时有城墙坍塌，被关羽包围在樊城内的曹仁军士极为害怕。

这时，曹仁部将有人给曹仁提议说："现在的危险状况我们已经无力改变，可以趁着关羽的包围圈没有合拢，我们乘坐轻便船只，连夜逃出城去。"汝南（郡治平舆县，今河南平舆县北）太守满宠反对说："山洪暴发，速度极快，而水势下降得也快。我听说关羽已经派遣别将到了颍川郡（郡治阳翟，今河南禹州）的郏县（今河南省郏县），自许都以南，百姓惊惶不定，关羽之所以不敢派兵继续进攻许都，是因为害怕我们在他们的后面袭击他们。现在如果我们放弃樊城逃出去的话，洪河以南的大片土地，都将被关羽夺取。我们应该等待，不能轻易就这样放弃。"曹仁听满宠说得有理，便采纳了满宠的建议。

为了稳定军心，曹仁立刻杀死一匹白马，与各位将士盟誓，要求大家团结一致，坚守待援。

这时曹仁手下人马只有数千人，而且大部分城墙都被雨水淹没，要坚守阵地，可谓困难重重。

关羽也非常清楚曹仁所处的危险境地，力图将他一举歼灭。他乘坐船只来到城边，调来大量兵力将樊城重重包围起来，严密封锁了城内城外的一切联系，然后又派遣将领将曹将吕常包围在襄阳。看到关羽的强大攻势，曹操任命的荆州刺史胡修、南乡（郡治南乡县，今河南淅川县西南）太守傅方都投降了关羽。

十月，曹操从长安回到洛阳，试图扭转襄樊败局。

关羽连续取得的胜利，尤其是水淹七军的巨大声势，使关羽的影响日益扩大，不少地方的百姓遥相归附。

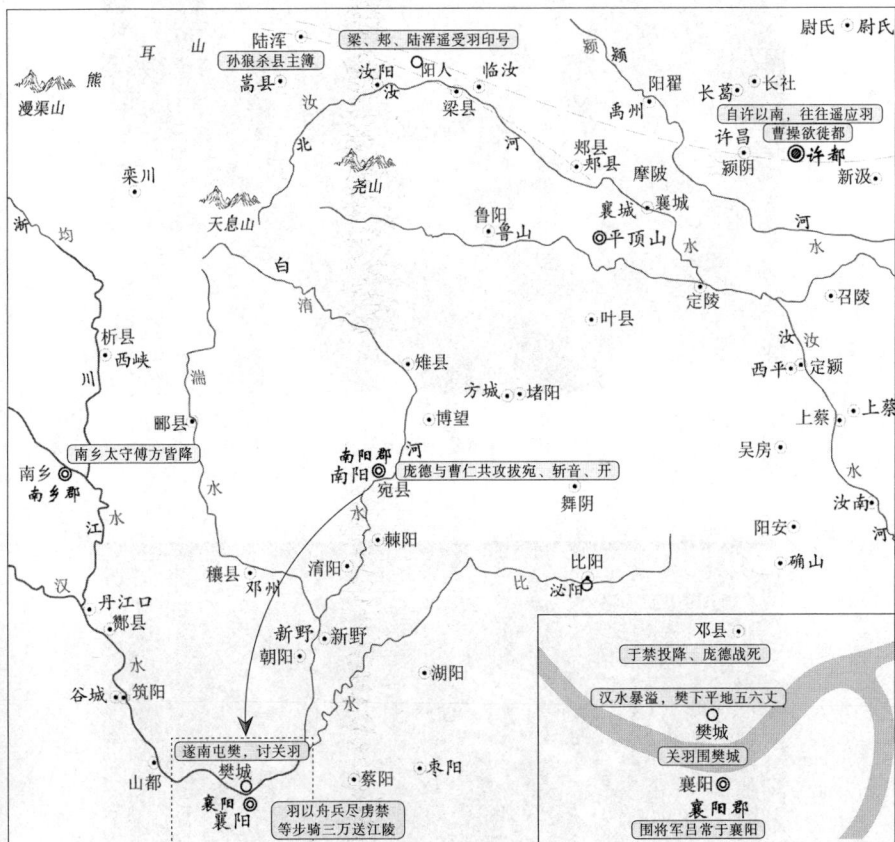

耳　山

熊
漫渠山

陆浑
嵩县

陆浑

梁、郏、陆浑遥受羽印号
孙狼杀县主簿

汝阳
汝

阳人

临汝

颍
颍

阳翟

长葛

长社

禹州

汝
北

栾川

尧山

汝
河

梁县

郏县
郏县

摭陂

许昌
自许以南，往往遥应羽
曹操欲徙都

许都

新汲

颍阴

天息山

鲁阳
鲁山

襄城
襄城

水
河

均
淅

白
河

平顶山

定陵

召陵

西峡
析县

叶县

汝
西平

汝
定颍

川

上蔡
上蔡

淯

郦县

雉县

方城
堵阳

博望

吴房

南乡太守傅方皆降

南乡
南乡郡

水

南阳郡
南阳

河

庞德与曹仁共攻拔宛、斩音、开

宛县

阳安

汝南

河

確山

江

穰县
邓州

水

棘阳

比
泌阳

比阳

水

汉

淯阳

丹江口
郦县

新野
朝阳

新野

谷城

筑阳

水

湖阳

邓县
于禁投降、庞德战死

汉水暴溢，樊下平地五六丈

遂南屯樊，讨关羽
樊城

樊城

山都

襄阳
襄阳

羽以舟兵尽虏禁
等步骑三万送江陵

蔡阳

枣阳

关羽围樊城

襄阳

襄阳郡
围将军吕常于襄阳

水淹七军

139

徽剧《水淹七军》剧照

洛阳关林"威震华夏"牌匾

弘农郡（郡治弘农县，今河南灵宝市）陆浑县（今河南嵩县）的百姓孙狼，因不满官府而杀死了县主簿，向南依附关羽。关羽对孙狼大力扶持，不仅授予孙狼官印，还给他提供了兵力。孙狼回到陆浑继续扩大自己的力量。孙狼之外，还有梁县（今河南汝州市西石台村）、郏县等地的"群盗"也远远地以关羽的名义招聚人马，成为关羽的分支力量。

因为关羽的影响，自许都以南的大片地区，都有人揭竿而起，与关羽遥相呼应。一时间，关羽声名鹊起，威震华夏。

水淹七军是关羽一生最为辉煌的战绩，也是自赤壁之战以来，使曹军遭遇较大失败的重要战役之一，一定程度上打击了曹军的士气，也奠定了关羽成为历史上著名的"武将"乃至"武圣"的基础。

【链接】曹军降将于禁的悲剧结局

同一场战役，庞德因不屈而死受到曹操赞叹，而于禁因投降也抑郁终生。

于禁投降关羽后，被关羽囚禁在江陵。不久，孙权占领荆州，把于禁释放了出来，还亲自面见于禁。后来，于禁被转移到东吴。

虽然孙权看似很看得起于禁，但是，作为降将，于禁在东吴的生活并不好过。

有一天，孙权骑马外出，招呼于禁和自己并行前进，被大臣虞翻看到了，虞翻立刻斥责于禁说："你一个投降的俘虏，怎么敢与我们君王的马首并列而行呢？"说着，虞翻就想举鞭抽打于禁，孙权见状，急忙严厉地阻止了他。后来还有一次，孙权在楼船之上大宴群臣，于禁听到音乐后勾起了往事，眼泪不自觉地就流淌了出来，又被虞翻看到了，虞翻毫不客气地质问于禁说："你想用你这种伪装的眼泪求得宽恕吗？"虞翻对于禁的指责，连孙权也感到愤愤不平。

魏文帝曹丕继位后，孙权向曹丕称臣，想把于禁送还给曹丕，虞翻再一次进谏说："于禁率领的数万人马都战败了，自己也成为俘虏，竟然还有脸活着！他熟悉北方的军政事务，如果让他回去，我们的计划就会被打乱。放他回去虽然我们没有什么损失，但是就像是把强盗放走一样，会有后患，不如在三军面前将他斩首示众，警示那些怀有叛逆之心的臣子。"孙权没有听从他的意见，还是把于禁送回了北方。于禁临走，群臣相送，这时虞翻又对于禁说："你千万不要认为吴国没有人才，只不过是我的智谋不被采纳罢了。"于禁虽然被虞翻所厌恶，但是于禁还是在魏文帝曹丕面前对虞翻大加赞叹，曹丕常常给虞翻虚留一个座位，以示敬意。

曹丕召见于禁时，只见于禁的头发和胡须已经变白，面容也憔悴不堪。见到曹丕，于禁百感交集，涕泣叩首谢罪。但曹丕深明大义，特为于禁下诏说："春秋时晋国大将荀林父与楚国打仗，在邲（今河南郑州市西北）惨遭失败，秦国大将孟明与晋国交战，在殽（即崤山，在今河南洛宁县西北）全军覆没，晋、秦两国并没有因此废弃他们，而是让他们官复原职。正因如此，后来晋国才能占领狄人土地，秦国才能称霸西戎。这些区区小国，都能够这样做，何况是我们万乘大国呢！于禁等人的樊城之败，是因为水灾暴至，不是指挥者的失误，应该恢复于禁等人的官职。"于是，于禁拜为安远将军。

曹丕要派于禁出使东吴，出发之前，先让于禁到北方的邺城（今河北临漳县西南）去拜谒曹操高陵。曹丕又预先在高陵的房屋内画上关羽樊城大捷、庞德愤怒不屈和于禁投降敌人的画面。于禁看到后，极为惭愧，也深感愤怒，发病而死。死后被追谥为厉侯。

就这样，一代名将在曹丕的精心设计之下，羞愤而去。

2.刮骨疗毒

作为历史上最为著名的英雄人物之一，关羽刮骨疗毒的故事也非常有名。

在战场上被弓箭射伤是常有的事。关羽攻袭襄阳的时候，曾经被曹军大将庞德射中额头，所幸并无大碍。

关羽还曾被流矢射中，箭头直穿左臂，后来伤口渐渐愈合，但是，每当阴雨天气，臂骨常常疼痛难忍。关羽询问医生，医生说："当时射中你的箭头带有毒药，时间久了，毒性已经渗透到了骨头上，要治好疼痛，就得把伤口重新割开，再将渗入到骨头表面的毒药刮去，然后，病痛才能彻底根除。"

关羽听从了医生的劝告，伸出臂膀，让医生把伤口划开。在医生给关羽治疗伤口的时候，关羽对疼痛毫不介意，不但不感到害怕、痛苦，反而还邀请了几员大将相对而坐，从容饮酒。当臂膀被划开的时候，鲜血直流，将放在下面的盘子都填满了，而关羽却吃喝饮酒如常，说笑言谈丝毫不受影响。

关羽的表现让在座所有人都唏嘘感叹，非常佩服关羽的神勇不凡。

【链接】给关羽刮骨疗毒的医生不是华佗

刮骨疗毒的故事，表现了关羽顽强的毅力和超人的意志。给关羽治伤的医生没有留下姓名，而在《三国演义》中医生变成了神医华佗，治疗过程中关羽饮酒也变成了下棋。

在《三国演义》中，华佗听说关羽受了箭伤，主动从江东驾一叶小舟而来，关平前往迎接，非常高兴。这时，关羽正和马良下棋，听说华佗来了，就伸出胳膊让华佗看，华佗一眼便看出是毒箭所伤，并说如不及时治疗，这条胳膊恐怕就危险了。关羽问他用何办法医治，华佗担心关羽畏惧疼痛，关羽说："我视死如归，有什么害怕的？"华佗便告诉关羽，要将他的胳膊固定在铁环上，以避免因疼痛而影响手术，还要把关羽的眼睛蒙上。关羽都拒绝了，他一面伸出胳膊让华佗治疗，一面继续与马良下棋。

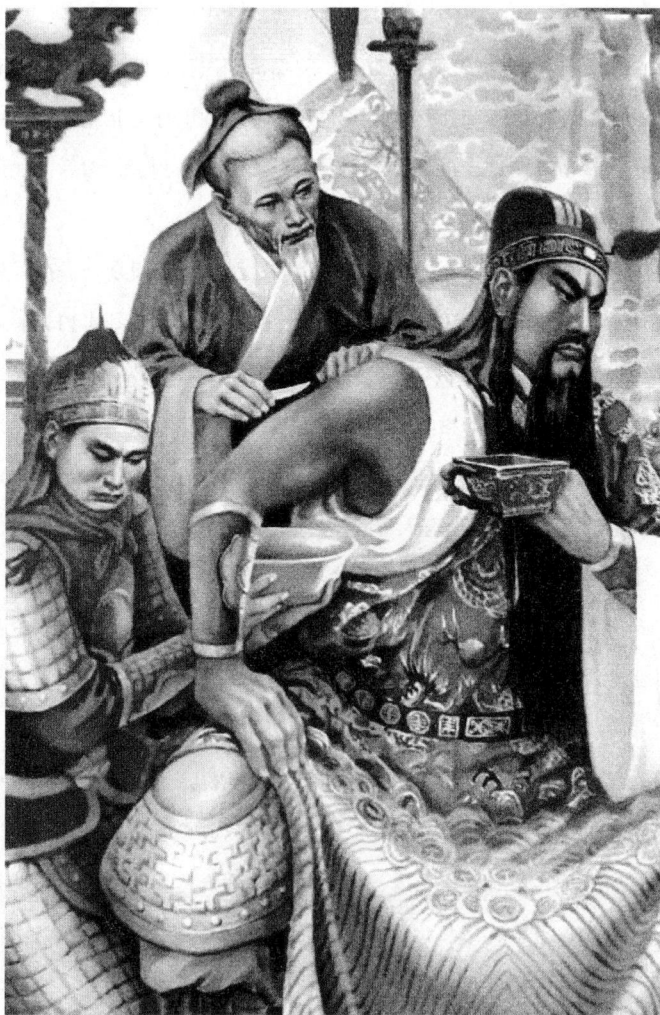

刮骨疗毒

华佗将伤口割开，一直割到骨头表面，发现骨头已经变成了青色，于是，他用刀来回刮去骨上的毒液，悉悉有声，周围观看的人都不忍心看下去，而关羽却谈笑自若，从容下棋，毫无痛苦之色。华佗治好伤后，感慨地说："我行医一辈子了，也没有见到像你这样的人啊。你真是天神下凡啊。"

其实，关羽受伤刮骨疗毒的事情发生在建安二十四年（219年），而华佗早在建安十三年（208年）之前就死了。华佗去世的具体时间史无明文，但是，曹操在杀了华佗之后，其子曹冲病了，曹操感叹说："很后悔把华佗杀了，才导致儿子不治身亡。"曹冲死于建安十三年（208年），可见至少这时华佗已经被杀。

3.震慑曹操

关羽在襄阳取得的重大胜利，迅速震慑了曹操和孙权，他们看到了关羽非同凡响的一面，于是曹操和孙权联起手来对付关羽。而关羽却不知道，曹、孙联手的危险正在悄悄逼近。

关羽水淹七军之后，曹操大为震惊，竟然想将许都迁走，来避开关羽的锋锐。看到曹操如此恐慌，丞相军司马司马懿、西曹属蒋济对曹操说："于禁的七军被淹，并不是攻战错误，对国家的大政没有多大影响。刘备、孙权二人，表面亲近，实际上心中各有盘算。关羽打了胜仗，孙权一定会不高兴。我们可以派遣使者到东吴去，劝说孙权从关羽身后偷袭关羽，答应孙权打败关羽后，把江南的土地割给他。这样的话，樊城的包围圈自然就不攻自破。"

曹操大喜，立刻按照这个建议去做。

但是，曹操深知襄阳的重要性，所以，曹仁被围，曹操即刻带兵从洛阳南下，要亲自率兵救援曹仁，不少大臣建议曹操迅速进兵，否则，将遭到惨败。只有侍中桓阶劝阻曹操亲临战场，桓阶说："大王以为曹仁是否能够预料时势的发展？"曹操说："能够。"桓阶说："大王是担心被包围的曹仁、吕常不用全力对敌？"曹操说："不是啊。"桓阶说："那么，既然这样，你为何还要亲自前往？"曹操说："我担心敌人数量众多，徐晃等人恐怕照应不过来。"桓阶说："现在曹仁等处于敌人的重重包围之中，他们之所以会坚守阵地，决不背叛，原因就是因为大王在外围坐镇指挥，造成巨大的救援声势。曹仁他们处于万死之地，定会有拼死抵抗之心。内有拼死抵抗之心，外有强大的救援声势，大王沉稳指挥全国军队以显示国家强大的威力，还担心什么失败而非要亲自前往呢？"曹操认为桓阶分析得很正确，便将军队驻扎在郏县的摩陂，将这里作为调兵遣将的指挥中心。

其实，正如蒋济所说，关羽水淹七军所取得的重大胜利，更多的是依靠了上天的帮助，是肆虐的暴雨导致了曹军的溃败，如果单靠军事实力，不要说是曹、孙联手，即便与其中任何一个人较量，失败的只会是关羽。所以，关羽所面临的困难异常严峻。

4.威逼孙权

东吴方面，早就把关羽视为消灭的对象。当年鲁肃曾经劝说孙权，把曹操看作是最大的敌人，应该安抚关羽，与关羽联合共同对付曹操。但是，建安二十二年（217年）的时候，在三国政治漩涡中发挥了巨大作用的鲁肃死去，由吕蒙继任汉昌（郡治汉昌县，今湖南平江县东南）太守，鲁肃所带领的万余人马尽归吕蒙统领，驻守陆口（今湖北嘉鱼县西南陆溪镇）。也就是说，吕蒙的驻军和关羽的驻军相互毗邻，一旦双方交战，这里就是第一战场。

吕蒙在荆州问题上一直主张以武力相向，早年为鲁肃"画五策""陈三策"，深得鲁肃赏识，鲁肃曾拍着吕蒙的肩膀说："吕子明，我真没有想到你的才略竟然到了这个地步啊！"孙权也常常感叹说吕蒙的好学精神一般人都赶不上。

所以，吕蒙虽然是一员武将，但并非武断乏术之辈，相反却是老谋深算之人。他深知关羽的性格，认为关羽生性自负，盛气凌人。

吕蒙代替鲁肃驻兵陆口，彻底改变了鲁肃联合关羽的做法。他认为关羽是骁勇之将，有吞并东吴的想法，再加上关羽驻兵荆州，在吴国的上游，双方这样和平相处的局面不会长期存在。所以，他认为关羽才是眼前最大的敌人。于是，吕蒙秘密觐见孙权，跟孙权详谈了他的战略思想和战略布局。他告诉孙权说："现在应该命令征虏将军孙皎驻守南郡，潘璋驻守白帝（在今重庆奉节县东十里白帝山上）。蒋钦率领万余游兵沿长江上下流动布防，随时防备各处敌人。我率军占据襄阳。如此一来，我们就不害怕曹操的侵扰，更不再依赖关羽防备曹操了。更何况，关羽和他的部将善于欺诈，反复无常，不可以把他们当作心腹之人对待。如今，关羽之所以没有把我们当作他的敌人，是因为您的圣明和我们这些人的存在。如果我们不趁着兵多将广强大之时消灭关羽，一旦力量减弱，再想武力征服关羽，哪里还有可能呢？"

孙权想先占领徐州，再消灭关羽，吕蒙认为不行，他说："虽然曹操远在河北征战，徐州空虚，容易夺取，但是要想守住却很难，派上七八万人去守也未必能守得住。不如消灭关羽，全据长江，对我们更为有利，也更好坚守。"

在吕蒙看来，北抗曹操并非离不开关羽，完全可以凭借自身之力打败曹操。在先夺徐州还是先取荆州的问题上，吕蒙更是强调先取荆州，态度极为坚决。吕蒙的意见得到了孙权的充分肯定。

所以，吕蒙一上任，便向关羽示好，摆出了要与关羽结为友好邻邦的姿态，企图利用关羽高傲自大、目中无人的弱点，麻痹关羽的防范之心，但这次关羽也多了个心眼，并未盲目上当。

在这期间，孙权曾经派人为自己的儿子求娶关羽的女儿，但是关羽大骂使者，孙权大怒。

当关羽将曹仁包围于襄阳、水淹于禁七军、俘虏于禁三万余人送到江陵的时候，也给吕蒙夺取荆州创造了条件。

与此同时，孙权也看到了关羽的威力，内心胆怯，害怕关羽以同样的力量战胜自己，所以他和曹操想到了一起，要联手对付关羽。同时，孙权还想讨好曹操，他给曹操写了一封信，请求曹操同意他歼灭关羽，建功立业。此时是建安二十四年（219年）十月。

这样一来，关羽所面对的，就是曹操和孙权这两个超级对手。

败走麦城

第十一章

1.十面埋伏

在关羽势如破竹取得胜利的时候，曹操也在四处派兵救援曹仁。曹操派遣徐晃驻扎在宛城（今河南南阳市）。于禁投降后，关羽包围曹仁于樊城，又在襄阳包围了吕常。徐晃所带士兵多是新兵，所以，他预计难以与关羽展开正面交锋，就将部队驻扎在阳陵（即阳陵陂，在今湖北襄阳西北）。

关羽包围曹仁，孙权也一直在等待机会。一开始，孙权想借助关羽的气势，与关羽联手对付曹操，所以他先派遣使节协助关羽，可是却又让使者慢慢前行，另派遣主簿先将此事告诉关羽。关羽对使者来晚十分气愤，再加上自己已经擒获了于禁，便对孙权极不客气，威胁说："竟敢这样！等着我把樊城攻下之后，看敢不敢把你也灭了！"孙权知道后，知道关羽根本瞧不起自己，表面上给关羽写了一封书信表示歉意，还答应关羽自己亲自前往。但是，孙权不但没有前去，反而态度迅速转变，由支持关羽改变为联合曹操，他暗中开始调遣部队，为消灭关羽做准备。

关羽的这种做法，不仅毁掉了脆弱的吴蜀联盟，也使自己置身于危险之中。

其实，东吴的主战派吕蒙一直都在策划以武力夺取荆州，始终没有放弃过寻找机会，只不过机会迟迟没有出现。当吕蒙试图进攻荆州时，却发现关羽在后方留下了足够的兵力，以至于无处下手，吕蒙只好作罢。吕蒙苦思良策，终于，他还是在关羽骄傲轻敌上找到了突破口。

关羽刚一开始攻打樊城的时候，还顾忌着与吕蒙对峙的荆州防线，担心荆州有失，所以，他没有敢把主力全放在樊城。吕蒙看到了关羽的心思，便想办法让关羽将全部兵力调往樊城，给自己夺取荆州制造机会。于是，他上疏孙权说："关羽讨伐樊城，却在荆州留下了大量兵力，这一定是担心我们偷袭荆州。我常有病，请求回到京城建业（今江苏南京）治病，关羽知道后，肯定会放心地将预留在荆州的兵力全部撤到襄阳去。这样，我们就可以趁机昼夜兼程，沿江而上，袭其空虚，攻克荆州，俘虏关羽。"

孙权立即采纳了吕蒙的计策，开始积极准备。一方面制造吕蒙因病复归建业之假象，故意散播吕蒙病重、召吕蒙回京的消息；另一方面又在积极观察关羽动向，暗中秘密策划，伺机而动。

为了掩盖偷袭荆州的行动，孙权可谓全力以赴。表面上，他对关羽丝毫不予关心，甚至当大臣上书陈说讨伐关羽的计策时，他也不予理会，实际上则无日不在思考歼灭关羽之策。另外，对于讨伐关羽，孙权周围的近臣大多是持反对意见的。可见，孙权能够让吕蒙执行既定策略，也是顶着巨大压力的。

吕蒙走到芜湖（今安徽芜湖市北）的时候，遇到了定威校尉陆逊。陆逊对吕蒙说："我们的边境和关羽连接，你怎么走了？你不担忧走后的安全吗？"吕蒙说："是有这个问题，但是我病得很严重，没办法。"陆逊说："关羽骄横霸道，盛气凌人，如有大功，志满意得。他只想着

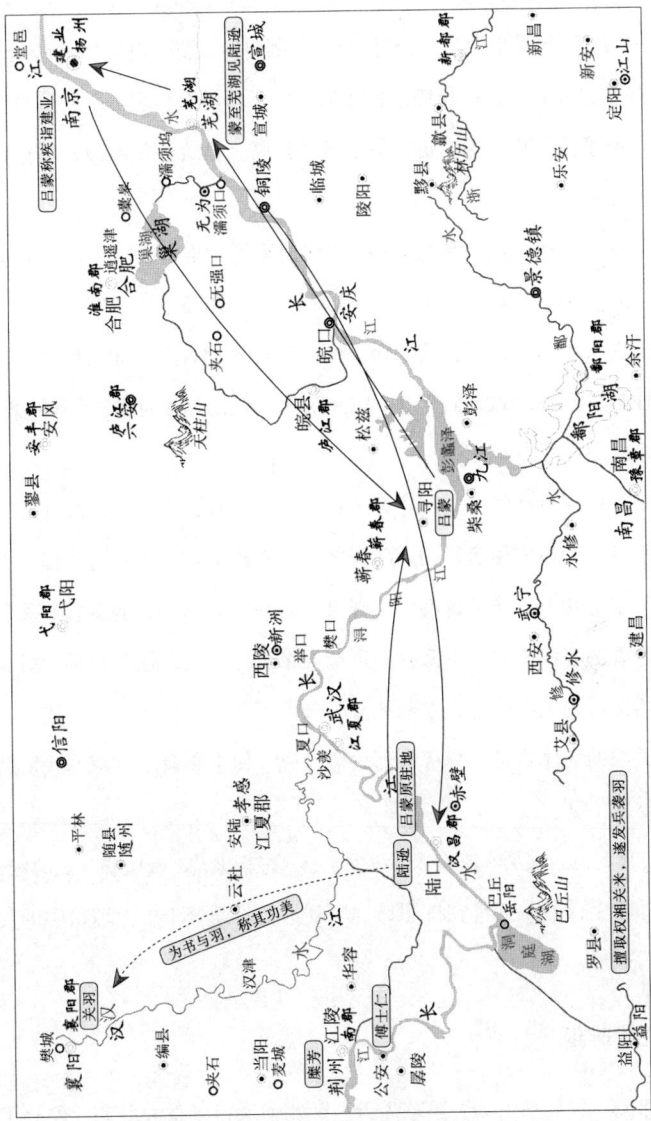

偷袭荆州前吴蜀的暗中较量

151

北伐襄阳，不把我们放在心上。他听说你有病之后，一定会防备更加松懈，我们可以出其不意，将其擒获。你去见吴主，要好好地谋划谋划。"吕蒙说："关羽素来勇猛，很难把他消灭，更何况占据荆州后，恩德和信义大行天下，再加上有了功劳后，胆量和势力更加强盛，不容易对付啊。"在这里，陆逊也看透了吕蒙称病的玄机，但是事涉机密，吕蒙还是不敢轻易把真实想法告诉他。

吕蒙见到孙权之后，孙权问他："你回来了，谁可以代替你驻守荆州？"吕蒙回答说："陆逊智计深远，见识不凡，才堪负重，可以担当大任。而且他没有大的名声，不被关羽所忌惮，是最好的人选。如果用他，要让他对外韬光养晦，收敛锋芒，对内密切观察，注意抓住时机，这样的话，攻克荆州就指日可待了。"

于是，孙权召回陆逊，拜他为偏将军、右部督，代替吕蒙驻守。陆逊也深知孙权和吕蒙用意，到达陆口之后，先给关羽写了一封书信，大力称赞关羽的功劳，非常谦逊，表现出了要拜托关羽照顾的意思。关羽一看，悬着的心终于放了下来，不再把吴军放在心上，逐渐把兵力撤到樊城。陆逊看到关羽中计，立刻把情况告诉了孙权和吕蒙，还陈述了如何擒获关羽的大体意见。孙权看到大事已成，便果断命令吕蒙率兵悄悄西进，攻袭江陵。

就这样，正当关羽水淹七军、活捉于禁、怒斩庞德、威震华夏的时候，曹操和孙权密谋的一切都在按照计划顺利进行，而处于十面埋伏中的关羽却浑然不知。

2.决战时刻

俗话说："兵马未动，粮草先行。"关羽取得了重大胜利，俘获了曹军几万人马，这些人马每天要消耗大量粮草，而关羽却没有足够的后勤补给。于是，关羽擅自将吴军湘关的大米抢走。孙权知道后大怒，决定立刻率军对关羽发动袭击。

孙权在部署袭击关羽的时候，计划令征虏将军孙皎与吕蒙为左、右部大督，共同率军前进。但是吕蒙对孙权说："如果您认为孙皎能够完成任务，就应该用他；如果认为我吕蒙能完成任务，就用我吕蒙。当年周瑜、程普就是分别为左、右部督，都督大军进攻江陵，虽然事情的决策权归周瑜，但是程普自认为是老将，而且都是都督，两人各不相让，差点因此而影响了国家大事。这应该成为目前事情的鉴诫。"孙权意识到吕蒙说得有道理，便命吕蒙为大都督，令孙皎为后续支援。吕蒙率领大军沿江而上，悄悄展开了争夺荆州的生死决战。

与此同时，曹操谋士赵俨也以议郎的身份加入到救援曹仁的军事行动中，与徐晃一起前进。看到关羽已牢牢围住了曹仁，徐晃感到无力解曹仁之围，但是，诸将又督促其救援，赵俨对诸将说："现在，敌人的包围圈非常牢固，水势又非常大，我们兵少力单，曹仁又与我们隔绝消息，贸然进击只会消耗力量，不如让先头部队逼近敌人包围圈，设法与曹仁串通消息，让他知道我们来相救，以激励士气。估计我们大部队到来也不会超过十天，他们在里面还能够坚守。到时，我们内外夹击定能取胜。如果因此而导致失败，责任由我来承担。"诸将听了之后，立刻行动，他们开挖地道，把书信绑在箭杆上射给里面的曹仁部队，双方多次交换消息。这样，处在包围圈里面的曹仁部队军心逐渐安定了下来，他们等待着大军到来之后再里应外合突出重围。

徐晃屯兵阳陵时，曹操又派遣徐商、吕建相助，并且下令说："必须等到兵马都聚集齐了，再一同前进。"这时，曹操还将在合肥驻扎的张辽部队也调到襄阳救援，只不过张辽部队还没有走到，徐晃已经打败关羽，将曹仁解救了出来。此外，兖州刺史裴潜、豫州刺史吕贡等都接到了曹操的紧急诏令，纷纷从各地向曹操靠拢。裴潜甚至舍弃辎重，轻装速进，在路上又再次接到了曹操催促前进的诏令，可见曹操对襄阳战事的重视。

这一切，都预示着关羽面对的将是一场残酷的战争，决战的时刻来临了。

看到曹军越来越多，关羽也将部队调遣到襄阳城北五里的偃城予以应对。

为了迷惑关羽，徐晃故意挖掘战壕，给关羽一个欲断其后路的假象，关羽果然中计，将营屯烧毁后撤退，徐晃顺利占领偃城。两面的曹军会合后，渐次向关羽的包围圈逼近，到了距离大约三丈远的地方停了下来。

曹操接到了孙权讨伐关羽效忠朝廷的书信，信中说："我计划派兵西进，趁关羽不在荆州，袭击关羽。江陵、公安对关羽来说十分重要，如果关羽丢失了这两个城池，一定会迅速回兵救援，这样的话，樊城的包围圈就会自然解围。但是，我请求对这件事保密，不要泄露，免得关羽有防备。"

曹操将孙权信件拿来，询问大臣该不该保密，大家都认为孙权说得有道理，应该保密，但董昭却说："军事行动崇尚的是权变，以达到目的为宜，没有什么应该不应该的。我们可以表面答应孙权保密，而在私下里将消息透露出去。如果关羽听说孙权要在身后袭击他，他就会撤兵自我保护，这样的话，樊城之围就会迅速瓦解，获利的是我们。我们要让关羽和孙权相互争斗，坐收渔利。如果我们按照孙权所说给他保密了，孙权就会得志，对我们来说，这不是上策。再说了，处于包围圈中的将士，不知道有救援，等到粮食快要吃完的时候，他们就会害怕，一旦出现意外情况，给我们的难题可不算小，所以让他们知道有救兵是最好的。更何况关羽为人强悍，依仗着将这两座城池包围得非常牢固，一定不会

徐晃大败关羽

迅速撤退。"曹操一听这话很有道理，就命令徐晃将孙权的书信用箭射进包围圈里面和关羽的军营中，被包围的将士知道了后，信心倍增，士气大振。

关羽在知道了孙权的军事行动之后，也开始犹豫是否立刻撤兵。

曹操在摩陂指挥大军进攻之前，又先后派遣殷署、朱盖等共十二营兵力增援徐晃。

关羽军队除了驻扎在襄阳北边的围头之外，还在四冢驻扎。

关羽和徐晃本来是非常要好的朋友，这次见面却是在战场上，是你死我活的交锋。徐晃远远地看着关羽，两人互道平生琐事，并不涉及眼

155

关羽痛失襄阳

栾川

天息山

均县
析县
西峡
淅川

南乡
顺阳

内乡
镇平

南阳郡
南阳
宛县

冠军
穰县
邓州

丹江口
郧县
阴县
老河口
谷城
筑阳
汉
山都
樊城
襄阳
襄阳

梁县

郏县
郏县
父城
平顶山

南召
鲁山
鲁阳
曹操回襄城

雉县
西鄂
博望
堵阳
方城
曹操回大军，分三路来救樊城

叶县
叶县

舞阳
西平
西平

定颍

湍阳
棘阳
汉阳
安众
消阳
徐晃军

唐河比
泌阳
舞阴

大湖山

比阳

平氏
湖阳

新野
新野
朝阳

邓县

蔡阳
枣阳
安昌

阳翟
禹州
长葛

许昌
颍阴
许都
扶沟
新汲

颍昌
繁昌
临颍
临颍

水郾城
召陵
郾县
漯河

上蔡
上蔡

吴房
遂平
阳安

汝南

确山
宜春
朗陵
慎阳
正阳

义阳
安阳
桐柏山
平春
信阳
郾县

平林

徐晃，夏侯尚守襄阳

隆中

邓县
偃城

廖化

关平

四冢
蜀口川
樊城

徐晃败关羽

曹操新至四冢寨

襄阳
襄阳
襄阳郡

岘山

前的战事。但是，两人正交谈间，徐晃突然下令说："得到关云长人头者，奖赏千金。"关羽极为震惊，他对徐晃说："老兄，你这是什么话！"徐晃毫不留情地回答说："这是国家大事啊。"

战斗打响后，徐晃表面声称要进攻围头驻军，实际上是秘密进攻四冢驻军。关羽一看四冢即将被攻破，就亲自率领五千兵马出战，遭到徐晃袭击，关羽败退。

徐晃乘胜追击，与关羽一同冲入包围圈，攻破了关羽部队对曹仁的包围，不少敌军自投沔水而死。徐晃大获全胜。

其实，在关羽包围樊城、襄阳的时候，就在襄阳附近的上庸（今湖北竹山县西南）还驻守有刘封、孟达的部队，看到情势危急，关羽连续求助于刘封和孟达，但是，二人推辞说自己驻守的山郡刚刚归附，不能发兵，拒绝了关羽的要求。

看到徐晃取得大胜，曹操也极为惊喜，他下令说："敌军包围圈修筑的工事多达十重，徐晃将军一战全胜，攻破敌人包围圈，杀死无数敌人。我用兵三十多年了，包括我听说的古代善于用兵打仗的将军，也从未有过长驱直入敌人包围圈中的事情。更何况，襄阳被包围的程度，超过了当年的莒（今山东莒县）和即墨（今山东平度市东南），所以徐晃将军的功劳超过了孙武和司马穰苴啊。"

在曹操各路大军的联合袭击之下，关羽大败，但是其舟船仍占据沔水，关羽依然占据着襄阳。此时，孙权在关羽身后偷袭其辎重。关羽闻讯，迅速南退。

曹仁与诸将商议下一步计策，诸将皆认为可以乘胜追击，擒获关羽。但赵俨却认为不可，他说："孙权虽然袭击了关羽身后，但他依然害怕我们在其双方争斗时获渔翁之利，所以，他与我们联合只是临时之策，实则是在观察时局，因势顺变，并不想真的与关羽决一死战。现在关羽大势已去，孤军奋战，我们暂时留下关羽以牵制孙权。如果我们穷追关羽，孙权势必会临阵倒戈，那样反而对我们不利。"结果，曹操听说关羽失败之后，也害怕诸将追击，贪小功而失大策，急令停止进击，与赵俨的想法不谋而合。

3. 荆州丢失

关羽在襄阳虽然一时占据主动，将曹军包围，但是，面对曹操强大的政治攻势和军事实力，关羽显得疲弱无力，最终不得不撤出包围圈。

当然，关羽撤出包围圈还有一个重要原因，就是后院失火，他遭遇到了来自曹操和孙权的两面夹击。

孙权进行了周密的部署之后，吕蒙来到浔阳（今湖北广济北）具体制定攻袭荆州的计划。此时为建安二十四年（219 年）的闰十月。

十一月，吕蒙开始了偷袭荆州战役。为了迷惑敌军，吕蒙将兵士埋伏于船内，站在船上摇橹的人也都身穿白色衣服，装扮成商人模样，昼夜兼行，沿江西上。关羽安排在江边侦查、瞭望的士兵，尽管看到了大队人马浩浩荡荡在江上行进，但是，只以为是商人行船，并未在意，结果这些兵士都被吴军俘虏，吕蒙悄无声息地取得了初战的胜利，并直达南郡。因为吴军的行动迅速、诡秘，所以消息一点也没有走漏出去。大量的汉军被俘，大片的土地顷刻间丢失，多个城池瞬间易主，而关羽却毫无察觉。

吕蒙大军一路畅通无阻，到达由关羽派遣的傅士仁驻守的公安时，吕蒙并未强行攻取，而是派遣了虞翻前往城中劝降傅士仁。

虞翻来到公安城门，对守城兵士说："我有事找你们将军，请你传过话去。"傅士仁知道虞翻是来劝降的，不肯相见，于是，虞翻给傅士仁写了一封书信说："聪明之人防患于未然，智慧之人能够预测即将到来的祸患。知道应该得到什么失去什么，才可以做人；能够预知存亡，才可以区分吉凶。我们大军到来，你们侦查人员来不及行动，瞭望烽火来不及点燃，就被我们俘获了，这不是什么天命，一定是在你们的部队里有我们的内应。将军你不能够事先预见时势，形势已经到眼前了又不能顺应，一味地坚守险要之城而不降，拼死作战，则会毁灭宗族，断绝后祀，被天下人耻笑。吕蒙将军计划径直占领南郡，断绝各处陆路通道，阻截敌军退路，这样的话，将军你就会束手就擒，要逃走就免不了一死，再投降则不为义举，我深为你感到不安，希望你深思熟虑。"傅士仁见到书信后，感激涕零，打开城门投降。

然后，虞翻又对吕蒙说："这是一支诡诈部队，应该带着傅士仁同行，留下我们的士兵驻守。"于是，吕蒙带着傅士仁到了南郡。南郡太守糜芳是刘备糜夫人的哥哥。吕蒙来到南郡后，让糜芳见到了已经投降了的傅士仁，结果糜芳毫不犹豫，举城投降。

糜芳和傅士仁是关羽镇守荆州的重要将领，尤其是糜芳，和刘备还有姻亲，没有进行任何抵抗就束手投降。傅士仁的投降，也并不仅仅是虞翻的几句话就能起到作用的。那么，二人投降的真正原因是什么呢？原来，关羽的傲慢自大，让他们平时就感觉到关羽看不起他们；关羽率军出征，让二人供给军资，但是二人都没有全力援助，关羽十分生气，公开说等回来再惩罚他们，两人的心里非常惊慌，担心关羽回来后处治他们。另外，糜芳还有一件事也导致他下定决心投降，他驻守的南郡城里曾经失火，将大量的军械烧毁了，关羽以此责罚糜芳，糜芳内心害怕。孙权听说后，暗中拉拢糜芳，糜芳也偷偷回应。到吕蒙进攻南郡的时候，糜芳带着牛肉、美酒投降了吕蒙。

傅士仁和糜芳的投降，意味着关羽镇守的荆州彻底丢失。

接着，吕蒙又派陆逊率兵西上宜都（今湖北宜都市），占领了秭归、

偷袭荆州（一）

枝江（今湖北枝江市东）、夷道（今湖北宜都市西）等地，然后将部队屯扎在夷陵，守住峡口，既切断了关羽逃往西川的退路，也防止刘备派兵增援。

吕蒙是一个非常有智慧、有远见、有能力的将领，兵不血刃地占领荆州，完全是他一手策划而成，而且，吕蒙治军有方，理政有术，待民有心。

吕蒙带领军队进入到南郡治所江陵，得到了关羽及其将士的家属，对他们每一个人都倍加优抚。他还下令，严禁军队干扰任何百姓，更不能索取任何财物。吕蒙是汝南人，吕蒙手下有一个汝南籍的士兵，到一个百姓家里拿了一个斗笠，用以遮盖铠甲。铠甲虽然是公家的，但是，吕蒙并未因为是老乡而袒护他，仍然按照违反军令予以严惩，最终，吕蒙含着眼泪将这个士兵斩杀。

吕蒙有令必行、不徇私情之举，震慑了整个部队，江陵城秩序井然，道不拾遗。

吕蒙还极为关爱城中老人，每天早晚都要派亲近之人去探视，询问他们生活中的困难，身患疾病者就给他们提供医药，忍饥受寒者就给他们送来衣食。对于关羽府库中所储藏的财物珍宝，吕蒙也悉数封存，等待孙权到来之后交给孙权。吕蒙还把被关羽关押的曹操大将于禁，从囚禁中释放了出来。

关羽从襄阳撤退回来的时候，在路上就屡屡派人去吕蒙处探问消息，吕蒙总是很好地招待他们，让他们遍访城内，家家问候，有些家人还写下书信以表示生活安好。关羽派遣的使者回到军中，将士们私下问询，都知道家门无恙，家人受到的待遇甚至好过了平时，因此，这些将士便斗志全无。

吕蒙的这种做法，为其稳定军心民心、取得最后胜利奠定了坚实的基础，也成为古代战争效法的范例，甚至在吕蒙之后不久就被仿效。在曹魏齐王曹芳统治时期，镇东将军毌丘俭、扬州刺史文钦反叛，王肃献计于司马懿说："过去关羽率领荆州部队，在汉水之滨逼降于禁，大有向北消灭曹操争夺天下的志向，但是，孙权得到关羽将士的家属之后，对这些家属倍加关爱，关羽的部队立刻土崩瓦解。"

襄阳被迫撤退，荆州丢失，关羽被北边的曹操和南边的孙权围堵在了中间，留给他的，是生命的最后一段路程。

【链接】"大意失荆州"辨

从建安十七年（212 年）到二十四年（219 年），关羽驻守荆州长达八年之久，在这么长时间的动荡岁月里，应该说关羽顶住了来自各方强大对手的军事压力，遗憾的是，最终却功亏一篑，在刘备称汉中王、胜利成果不断扩大的时候，关羽北伐襄阳，痛失荆州。

有关关羽丢失荆州的原因，历来说法不一，见仁见智。人们常说"大意失荆州"，意思是说，关羽因为"大意"而丧失了荆州，言外之意，荆州的丢失，责任完全由关羽承担。这种说法虽然有一定道理，但是过于简单化。

应该说，荆州的丧失，主要责任确实应该由关羽承担。比如说，关羽北伐襄阳之前，未能做好充分的准备工作，如对待傅士仁、糜芳的态度及做法，尤其是对东吴边境的防卫，被陆逊的假象所蒙蔽，轻易将部队调往北方，导致防务部队没有任何战斗力。关羽自傲的秉性，也掩盖了荆州防务所存在的漏洞。但是，除了关羽自身的因素之外，还有一些原因也值得注意，主要有：

其一，荆州历来是兵家必争之地，对于孙权来说更是如此，从吕蒙、孙权一系列的计谋来看，他们自始至终从没有放弃荆州的打算。

其二，关羽水淹七军之后，震惊了曹操和孙权，导致形势发生逆转，

房陵太守邓辅、南乡太守郭睦，大破之

南乡 南乡郡

湖阳 筑阳

桐柏山

上庸 上庸郡

刘封、孟达

新城郡房县

谷城

汉阳 邓县 蔡阳 枣阳

封、达不承羽命

房陵

筑 粉

山都 樊城 襄阳郡 安昌 平林

隆中 襄阳

水

保康 南漳 沮 宜城

夷 泾乡 宜城 溳

随县

绥阳 兴山 漳 编县 随州 水

李异、谢旌等将三人

巫县 长 巫山 江

临沮 水 夹石 京山 南新 安陆

破詹晏等及秭归大姓 章乡 荆门 云杜

秭归 马鞍山 峡口 水 长坂 汉津 石阳

还屯夷陵，守峡口 宜昌 当阳 当阳 荆城

夷陵 江 麦城 天门

陆逊获秭归、枝江、夷道 猇亭 狠山 枝江 江 竟陵 潜江 水

夷清 水 江 宜都 泔 麋芳开城出降 仙桃

陆逊领宜都太守 宜都郡 江陵 荆州 蒙据江陵，抚其老弱

宜都太守樊友弃郡走 江道 乐乡 夏 华容

以蒙为南郡太守 屏陵 公安 士仁、麋芳皆降 蒙至寻阳，尽伏其精兵舳舻中

鹤峰 油 蒙封屏陵侯 长 监利 洪湖 江 陆口 寻阳

水 陆逊

充县 桑植 溇中 零阳 汉昌郡

张家界 澧 慈利 水 作唐 安乡 华容 巴丘 岳阳

遣潘濬将五千往，斩平之 武陵郡 临沅 吴寿 巴丘山 下隽 通城

樊仙诱导诸夷

偷袭荆州（二）

163

败走麦城

关羽遭到了来自于曹操、孙权的共同压力，而曹操和孙权任何一个人在政治、军事、外交等各方面的实力，都远非关羽所能比。

其三，关羽于建安二十四年七月北伐，到十二月被杀，前后长达半年的时间，震慑了曹操，震惊了孙权，却没有引起刘备、诸葛亮的注意，他所求救的离自己最近的刘封和孟达，干脆是置之不理，这就导致关羽始终是孤军奋战，甚至连后勤补给也供应不上，关羽不得不去抢孙权的粮食。难怪当代有学者认为，是诸葛亮借孙权之手杀死了关羽。

总之，荆州的丢失，既有关羽自身的责任，也有关羽之外的因素，而来自于外部的因素，关羽是无力抵挡的。

4. 身首异处

建安二十四年（219 年）十一月，关羽从樊城撤军，企图重新占领荆州，但荆州已经被吕蒙攻占，逃亡益州的道路也被陆逊封死，关羽无奈，只好退守麦城（今湖北当阳）。

孙权一面派使者进城诱降，一面命朱然、潘璋截断关羽归路。潘璋驻扎在一个叫"夹石"的地方，张网以待。

关羽看到吴军众多，孤城难保，便假装答应孙权投降，他将旗幡乔装成人的形状，立在城头迷惑孙权，自己则趁机逃走。所谓兵败如山倒，看到关羽大势已去，其所带兵士大多自散，只有十余个骑兵跟随着他。

十二月，关羽逃到临沮县（今湖北省远安县北）的漳乡，被吴军大将潘璋的司马马忠擒获，同时被擒获的还有关羽的儿子关平和都督赵累。

抓获关羽等人以后，孙权也想像当年曹操一样，将关羽收降以抵抗曹操和刘备，但其手下都认为不可，他们劝孙权说："关羽就像是不能驯养的狼子，留下他一定会成为祸害。当年曹公没有当即把他斩杀，给自己埋下了巨大的祸患，襄阳之战，曹操吓得竟然要把都城给迁走。这

洛阳关林

洛阳关林庙内的关羽墓

样的人怎么可以让他活着？"孙权也深以为然，当即将关羽父子等人一并斩杀。一代将星就这样陨落了。

关羽被杀之后，孙权将关羽的首级送到洛阳，交给了曹操。曹操对关羽深怀敬意，以诸侯的礼仪规格，隆重地埋葬了关羽。

至此，荆州完全被孙权占领。赤壁之战以后，曹操、孙权、刘备三个集团之间最为激烈的荆州争夺战尘埃落定，孙权取得了最后的胜利。

荆州平定，曹操上表任命孙权为骠骑将军，假节领荆州牧，封南昌侯。孙权也大封功臣，吕蒙拜为南郡太守，封孱陵侯，赐钱一亿，黄金五百斤；陆逊拜为右护军、镇西将军，封娄侯；潘璋拜为固陵太守、振威将军，封溧阳侯。其他参与者也多被加官晋爵，如诸葛瑾封宣城侯；和潘璋一起擒获关羽的朱治，拜为昭武将军，封西安乡侯；潘濬拜为辅军中郎将，授以兵权；与吕蒙一起袭取南郡的韩当，拜为偏将军，领永昌太守。

还有一个全琮，当初曾经上疏孙权陈说袭击关羽的计策，孙权当时已经秘密制定了方案，他担心泄露，就把全琮的计策压了下来。关羽被擒获之后，孙权在公安设宴招待全琮，对全琮说："你当时提出的方案很好，我虽然没有表态，但是今天的胜利，也有你的一份功劳啊。"于是，封全琮为阳华亭侯。

孙权占领战略要地荆州之后，在三足鼎立的历史格局中，又为自己增添了重要砝码，不仅遏制了刘备的势力，也加强了抗衡曹魏政权的实力。

荆州丢失，不仅关羽身首异处，更导致了刘备政权一系列严重的后果。

曹操于建安二十五年（220年）正月去世，十月曹丕废献帝自立，建立魏国，改元黄初。黄初元年（220年），上庸守将孟达、刘封二人产生矛盾，孟达率郡投降曹丕。至此，刘备在大巴山以东的地盘丧失殆尽。

为了给关羽报仇，刘备于黄初二年（蜀汉章武元年，221年）亲率大军大举攻吴，孙权命陆逊为大都督、假节，迎击刘备。黄初三年（222年）

当阳关陵

当阳关陵关羽墓

168

二月，双方在夷陵相遇，僵持七八个月之后，陆逊采用火攻方式大败刘备，并把刘备逼得夜遁白帝城，黄初四年（223年）四月，刘备病死于白帝城。

刘备在盛怒之下，一心想着为关羽报仇，贸然发动战争，结果不但大仇未报，反而导致自己身死白帝，给蜀汉政权带来了巨大损失。后主刘禅继位后，诸葛亮辅政，揽军政大权于一身，但是蜀汉实力已大打折扣，国力、财力严重受损，元气大伤。至此，蜀汉政权已无力与曹魏，甚至与东吴相抗衡了，历史已经无情地做出了率先淘汰蜀汉政权的选择。四十年后，蜀汉终于被司马氏所垄断的曹魏政权灭亡。

【链接】关氏世系

《三国志》所记载的关羽事迹，还附记了其儿子、女儿、孙子之事若干，大略为：

关平（？—219年）：关羽之子。刘备入川，关平跟随父亲镇守荆州，关羽败走麦城后，父子一并被杀。

关兴：字安国，关羽之子。少有才学，深受诸葛亮器重，官至侍中、中监军，数岁卒。其子关统嗣位。

关某：关羽之女，关羽驻守荆州时，孙权曾为其子求娶，被关羽拒绝。

关统：关兴之子，娶公主为妻，官至虎贲中郎将。死后无子，关兴庶子关彝嗣位。

关彝：关兴庶子，嗣关统爵位。

据《三国志》裴松之注引《蜀记》记载，庞德之子庞会随着晋军钟会、邓艾伐蜀，破蜀后，尽灭关氏家族。钟会、邓艾伐蜀事，在魏元帝景元四年（263年）十月，也就是说，关羽后人最晚生活的时间是魏元帝时期。此后，关羽后人再无任何资料记载。

唐宋以后，关羽崇拜渐次形成，关羽也被神化，到了清代，又出现了许多关羽家族的说法，不但有关羽的后代，也有关羽的祖先，其中有

关氏族谱（荆州藏）

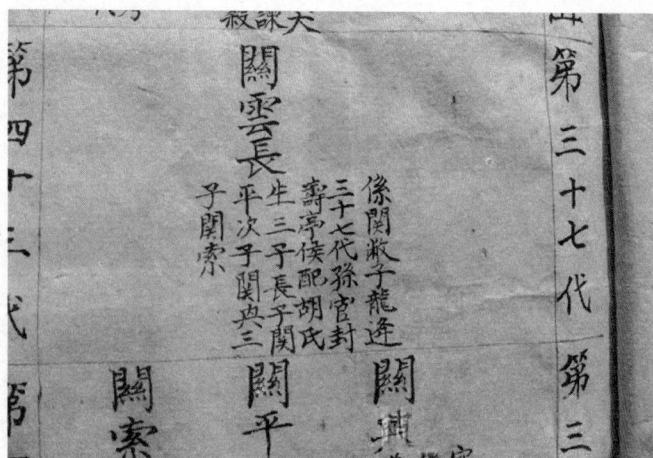

关氏族谱

些还被写进了正史之中。比较一致的说法是：

关羽的远祖是夏代的关龙逄，关羽的祖父叫关审，是汉谏议大夫，父亲叫关毅，关羽的夫人姓胡。关羽还多出了一个儿子叫关索，《三国演义》还说关平是关羽的义子。

这些说法因离关羽生活的时代太过久远，学术界多不予认可。

此外，全国还有不少《关氏家谱》被发现，如山西省运城市北相镇西古村的手抄本《关氏家谱》，为清代同治九年（1870年）续修；河南省襄城县关氏族人保存的清代同治八年（1869年）的《关氏家谱》，河南邓州发现的始修于康熙二十三年（1684年）的《关氏家谱》等；在湖北荆州等地也都发现有《关氏家谱》。这些《关氏家谱》大都把远祖上溯至关羽，但因多修于清代，又无旁证，所以真伪难辨。

第十二章

神圣关公

1. 关公显圣

关羽镇守荆州长达八年，声威显赫，最终却身首异处。关羽的悲惨结局，引起了当地百姓的同情。因此，关羽被杀之后，荆州地区就形成了规模日益庞大的祭祀活动。值得注意的是，祭祀关羽活动的开展，不是在中原地区埋葬关羽首级的洛阳，而是在关羽被杀的荆楚地区，这与中国古代诸神崇拜的民族心理和荆楚文化中泛神崇拜思想密切相关。

在传统文化中，南方的荆楚文化和北方的中原文化有很大差异，相对来说，南方文明发展较为落后，所以对神灵的崇拜心理更为浓重。据史料记载，荆楚地区自古以来就盛行奉祀神灵的做法，且遍布民间。战国时期的楚国大诗人屈原被流放到楚国南部的沅水、湘水流域时，深感楚人迷信鬼神、热衷祭祀的风俗非同一般，所以他创作出了祭神舞曲《九歌》，来表达对神灵的敬畏之情和祈求神灵保佑平安的愿望。这种习俗代代相传，遍布荆楚大地。

关羽死后，因其生前的巨大影响而被荆楚地区民众奉为神明，既表达了对关羽的怀念之情，又表现出了希望关羽能保佑一方平安的愿望。《当阳县志》记载，关羽被杀之后，当地人就开始了每年一度的祭祀活动，还给关羽建立了祠堂，而且祠堂屡经损毁又屡经重建，说明后人祭祀关羽的活动，从未间断过。

一开始，因为关羽死得过于骇人，当地民间是把他作为"厉鬼"祭祀的，也就是说，祭祀关羽是为了把他驱赶走，避免招来灾祸。时间久了，"厉鬼"慢慢地变成了"善鬼"，关羽也就成为了保佑百姓的神灵了。而且，祭祀关羽的地域也由南方慢慢转移到了北方，宋代洪迈的《夷坚志》就记载了在陕西潼关建有关云长庙的事情。这部书记载，在潼关有个关云长庙，处于州治的西北角，当地"土人"对庙宇非常恭敬，庙里有几十尊神像，其中一个穿着黄色衣服，面呈怒容，胡须很多，拿着令旗，长相吓人。关羽的这个形象已经和后来的固定面相有些相同了。

宋代的时候，荆州城内的关羽祠堂已经很多了，有资料记载是"家置一祠"，虽有些夸张，但是，由此可见人们对关羽供奉已经很普遍了。

人们对关羽的供奉、祭祀，还有一个重要原因，即关羽常常"显圣"。据有关资料，关羽显圣的最早时间是隋代，显圣的地点是湖北当阳玉泉山。玉泉山在当阳西十五千米，山峦叠嶂，飞瀑秀丽，曲径通幽，为四大名山之一。山麓有一座寺院，建自隋开皇年间。据传说，当时有一个禅师叫智𫖮，来自天台山，看到玉泉山美景十分喜欢，就想在山脚下修建寺庙，但是，到处都是蜿蜒流水，坑洼不平，竟然没有一块平整的地方。于是，禅师就在一棵高大的树木之下打坐。这时，只见一个穿着金色铠甲的神灵来到面前，对禅师说："我是汉寿亭侯，愿意将这一块地方施舍给你作为奉佛栖身之所。请安心等待七天，你就知道了。"到了第七天的晚上，山中万壑振动，风雨交加，电闪雷鸣。风雨过后，原来的河湾水潭不见了，高低不平的滩涂变成了一块平坦的台基，一座高大的寺庙就这样修建起

当阳玉泉山玉泉寺

玉泉山关羽显圣处（图片来源：关公网）

来了。这就是著名的玉泉寺。

影响最大的关羽显圣故事来自于《三国演义》第七十七回"玉泉山关公显圣"：关羽被害后英魂不散，荡荡悠悠，来到荆州当阳玉泉山。山上有一老僧，法名普静，因云游天下，来到此处，见山明水秀，就此结草为庵，每日坐禅参道。有一天晚上，月白风清，三更以后，普静正在庵中默坐，忽闻空中有人大呼曰："还我头来！"普静仰面谛视，只见空中一人，骑着赤兔马，提着青龙刀，左有一白面将军，右有一黑脸虬髯之人相随，一齐按落云头，至玉泉山顶。普静认得是关公，就高声喊道："云长在哪里？"关公英魂顿悟，即下马乘风落于庵前，合手问曰："师父是谁？请告诉我法号。"普静说："老僧普静，过去汜水关前镇国寺中，曾与君侯相会，今日难道忘了吗？"关公说："当年你救了我，我终生铭记，现在我已遇祸而死，请你指点迷途。"普静说："人生的是是非非，都有因果，不会有错的。将军你被吕蒙害死，大呼还我头来，那么，被你杀死的颜良、文丑、五关六将等这么多人的头，又去向谁索要呢？"于是，关公恍然大悟，稽首皈依佛祖。之后常常在玉泉山显圣护民，乡人感念其恩德，就在山顶上建了玉泉庙，一年四季祭祀，后人还在玉泉庙题写了一副对联说："赤面秉赤心，骑赤兔追风，驰驱时，无忘赤帝；青灯观青史，仗青龙偃月，隐微处，不愧青天。"

关公显圣故事是关羽被神化的重要催化剂，这些故事使关羽由人变成了神，而且是佛教、道教等各家宗教争相利用的神。

2. 历代封谥

关羽死后，最早得到的封谥是杀了他的孙权给予的，孙权在建安二十四年（219年）封关羽为忠义侯。四十一年后，即蜀汉景耀三年（260年），后主刘禅封关羽为壮缪侯。之后的几百年里，除了民间的祭祀之外，关羽没有引起官方的任何注意。

两晋南北朝时期，三国故事以及其中重要的组成部分关羽故事，在民间已经有了相当大的影响。人们对关羽的评价，往往把他与张飞并称，称为"关张之勇"，但关庙开始在民间出现，关羽在信奉方面超过了张飞。

陈隋之际，佛教将关羽归入佛门，与此同时，被神化的关羽故事与传说在民间逐渐兴盛，其中有不少故事和传说均与封建帝王有关，说明关羽在政治上、宗教上所享有的地位，已经比张飞越来越优越。

唐代，唐德宗建中三年（782年），关羽作为配享神灵，与张飞、周瑜、邓艾、陆逊、吕蒙等一同被供奉于武成王姜太公庙。这是关羽作为被祭拜的神灵首次出现在官方祀典中。同时，关羽的形象开始出现在诗歌中，唐玄宗时人郎君胄创作了《关羽祠送高员外还荆州》，该诗赞颂了关羽的英雄形象。

北宋时期，关羽在众神中的地位得到了巨大的改变。宋神宗元丰四年（1081年），重建玉泉寺；哲宗元祐七年（1092年），解州知州张商之重修解县关帝庙。哲宗绍圣三年（1096年），玉泉寺被皇帝赐额"显烈庙"，这是宋代关羽被封爵赐号的开始。

关羽真正实现政治地位的跨越式提高，是在宋徽宗赵佶统治时期。徽宗崇宁元年（1102年），封关羽为"忠惠公"，这样关羽便由原来受封的"忠义侯""壮缪侯"之"侯爵"上升为"公爵"。次年，崇信道教的宋徽宗，听信了道教天师张继先所编的关羽显圣的故事，又封关羽为"崇宁真君"。从此，关羽在道教中的地位得以巩固。为了进一步提高关羽的地位，五年之后的大观二年（1108年），徽宗封关羽为"昭烈武安王"，关羽的爵位由公爵又晋升为"王"。宣和五年（1123年），北宋王朝在内忧外患、风雨飘摇的危难形势下，徽宗仍然没有忘记对关羽进行封谥，又封关羽为"义勇武安王"。于是，关羽也从武成王庙里独立出来，第一次堂堂正正地坐在属于自己的庙堂之上。几年之后，北宋王朝宣告灭亡。从公元1101年到1125年，宋徽宗在位虽然只有二十五年时间，但是，却连续四次封赠关羽，可见他对关羽的重视程度。

到了南宋，赵氏王朝虽然偏安一隅，但仍然没有忘记发挥关羽的作用。高宗赵构在公元1127年建立南宋王朝，年号"建炎"，立足未稳，便在次年（建炎二年，1128年）封谥关羽为"壮缪义勇武安王"。宋孝宗于淳熙十四年（1187年），加封关羽为"壮缪义勇武安英济王"。

宋代对关羽的封谥对后来的崇奉关羽者影响很大，从宋徽宗道君皇帝开始，共有十五个皇帝为关羽加官晋爵，可为隆极数代。

金代作为少数民族统治者，对关羽的崇拜主要体现在关羽忠义思想的宣传上，主要目的在于让百姓模仿关羽效忠于朝廷，以达到最终统治百姓之目的。金代还是我国现存关羽画像创作最早的朝代，署名为"平阳府徐家"的《义勇武安王位》图，保存在俄罗斯圣彼得堡艾尔米塔什（冬宫）博物馆。

元代封关羽为"蓝坛"之神，这是继宋徽宗之后，又一次将关羽、神权和宗教结合起来，关羽再一次被视为佛教的神灵。

宋元时期，还出现了大量三国题材的文学作品，如话本小说、戏剧等。其中，有相当数量的作品是以关羽为主要人物的，如关汉卿的《单刀会》等，对后来的三国故事和文学作品影响很大。

明代宗教对关羽的崇拜，主要体现在道教。明代初期，关羽的地位并未随着朝代的更迭而提高，明太祖朱元璋洪武元年（1368年），诏天下神道皆去其侈称，将关羽的爵号又恢复到了生前由曹操表封的"汉寿亭侯"的地位上。明武宗朱厚照（1506—1521年在位）在正德四年（1509年）封关羽为"忠武"，下令将全国各地的关庙，一律改称为"忠武庙"。

关羽在明代的地位到明神宗朱翊钧时，才有了根本的改变。神宗万历十年（1582年），关羽被封为"协天大帝"。万历十八年（1590年），关羽又被封为"协天护国忠义帝"（一说为"协天大帝护国真君"）。万历二十二年（1594年，一说为二十三年，1595年），神宗应解州崇宁宫道士张通元的请求，将关羽正式进爵为帝，关庙也由"忠武"改为"英烈"。万历四十二年（1614年）十月十日，神宗派遣司礼李恩，捧旒袍封关羽为大帝，即"三界伏魔大帝神威远镇天尊关圣帝君"，使关羽成为道教的最高神灵。从此以后，关羽被称为"关帝"，关羽庙也被称为"关帝庙"。

神宗在封谥关羽的同时，还封赠了关羽的夫人、儿子及部将。关羽夫人被封为"九灵懿德武肃英皇后"，长子关平被封为"竭忠王"，次子关兴被封为"显忠王"，关羽的部将周仓被封为"威灵惠勇公"。

明末思宗朱由检崇祯年间（1628—1644年），为了把关羽提高到与"文圣"孔子对等的地位，关羽被称为"关夫子"，关羽也成了"武圣"。

清代，清朝统治者在入关之前就已经注意到了关羽的巨大精神作用。清世祖在入关之前，利用《三国演义》中刘备和关羽的关系作比，把自己当作刘备，而把蒙古诸王视为关羽，用刘、关、张桃园三结义的故事，来笼络蒙古王公贵族。崇德八年（1643年），在其隆兴之地盛京（今沈阳）建造关帝庙，皇太极还亲赐"义高千古"匾额。

入关以后，清朝统治者立即在北京建关庙崇奉。清世祖爱新觉罗·福临顺治九年（1652年），封关羽为"忠义神武关圣大帝"。顺治十二年（1655年），御制《重建忠义庙碑记》，进一步强调了关羽的忠义思想。康熙四十二年（1703年），康熙西巡途经关羽故乡时，亲谒关帝庙，手书"义炳乾坤"匾额，并从国库中划拨黄金一千两以重修关庙。

整个清代，除了康熙帝没有直接赐封外，几乎历代皇帝都要给关羽一个新封号。

世宗雍正三年（1725年），命令全国直省郡邑都要建立关圣大帝庙，均要正屋正座，并以太牢春秋两祭。洛阳、解州后裔授五经博士，世袭承祀。雍正八年（1730年），下诏改关帝庙为"武庙"，并定于五月十三日"关羽诞辰日"举行特祭。从此，关羽完全与孔子并列。雍正十二年（1734年），御制关帝庙后殿《崇祀三代碑文》，明确以"神"之名称呼关羽。追封关羽三代公爵，封其曾祖曰"光昭公"，封其祖父为"裕昌公"，封其父亲为"成忠公"，制成木主，供奉于后殿。

清高宗乾隆三十三年（1768年），以"壮缪侯"谥未孚定论，更名"神勇"，加号"灵佑"，称为"忠义神武灵佑关圣大帝"。嘉庆十九年（1814年），仁宗皇帝在关羽"忠义神武灵佑"的封号上，加封"仁勇"，称为"忠义神武灵佑仁勇关圣大帝"。宣宗道光（1821—1850年）年间，又加封"威显"，称为"忠义神武灵佑仁勇威显关圣大帝"。文宗咸丰二年（1852年）加"护国"，咸丰三年（1853年）加封"保民""精诚绥靖"，称为"忠义神武灵佑仁勇威显护国保民精诚绥靖关圣大帝"。咸丰五年（1855年）追封关羽的远祖为"光昭王"，祖父为"裕昌王"，父亲为"成忠王"。穆宗同治九年（1870年），又加关羽谥号"翊赞"，德宗光绪五年（1879年），加号"宣德"。

经过清朝历代皇帝的加封，关羽最终的封谥成为"忠义神武灵佑仁勇威显护国保民精诚绥靖翊赞宣德关圣大帝"。

关羽在历代的封谥，可以看到关羽崇拜的发展足迹，也足见关羽在历代统治者和百姓心目中的崇高地位。

3.三教皈依

"汉封侯，宋封王，明封大帝；儒称圣，释称佛，道称天尊。"这是对关羽在历代统治者心目中的位置和各家宗教中的地位的典型概括。

随着关羽的影响越来越大，儒、释、道等各家都争相要把关羽奉为神灵。

中国古代大的宗教为儒、释、道三家。实际上，儒家不能算作宗教，而只能说是一种思想体系，因为它不符合宗教的诸多特征。按照人类学或者社会学的概念，一般地，宗教应包括偶像、信徒、神秘思想、法术、信条、仪式、规范、禁忌以及神话等要素，而儒家很显然并不具备以上诸点。儒家作为一种社会思想体系是十分完备的，但这种完备的思想体系在战乱的年代里，似乎并不能起到决定性的作用，这样，就给佛教入主中原带来极大的机会。事实上佛教也正是利用了儒家只管今生、不问来世的弱点，以及社会动乱给百姓带来的莫大痛苦，与佛教宣扬的追求来世幸福形成鲜明的对照。

儒家对关羽的重视，主要体现在关羽身上表现出来的忠、义、仁、勇等精神，从历代统治者对关羽的封谥上可以看到，忠、义、仁、勇是关羽各种封号的核心，儒家希望通过对忠义仁勇的弘扬，达到顺利进行统治、国泰民安的政治效果。

佛教是外来宗教，从东汉明帝时传入中国后，就逐渐在中国扎根，魏晋南北朝时期，已经在中国拥有了众多的信徒，成为民众信奉的重要宗教。

佛教最早利用关羽作为自己的神祇，是在隋代。而在关羽成为佛教神祇之前，民间流传的关羽显圣故事，显然也是来源于佛教。

隋代著名高僧、天台宗创始人智𫖳和尚是天台宗四祖，在梁代统治的最后一年，即梁敬帝萧方智太平元年（556年）出家，于隋文帝杨坚开皇十七年（597年）圆寂。一生建造佛寺三十五座，度僧四千余人，传业弟子三十二人，为我国佛教史上著名高僧，世称"天台大师"。智𫖳大师当时影响很大，与许多朝廷大臣都有交往。如晋王杨广（即后来的隋炀帝）对他就称弟子。智顗禅师利用其这种优势，将关公显圣、建玉泉寺等想法告诉杨广，杨广上奏朝廷，隋文帝下诏建寺。玉泉寺规模宏大，号称"天下四绝"之一。智顗大师就在玉泉寺举行了盛大仪式，为关羽的亡灵授"菩萨戒"。

从此，关羽正式归入佛门，成了佛家弟子，做了护法伽蓝神。以后，各个寺庙也都争相将关羽封为本寺之护法神。如杭州灵隐寺、山西交城天宁寺等。

道教是中国本土宗教，以道家的学术思想作基本内容。一般认为，道教形成于东汉顺帝（126—144年在位）时期，距佛教传入中国有七十年左右的时间。道教的形成与佛教的传入时间如此相近，而且又同在动荡不安、内忧外患连绵不断的东汉，这就使二者具有了共同的发展契机。经过魏晋南北朝宗教发展的黄金时期，佛、道二教都具有了相当的规模与影响。

道教最早将关羽作为自己的宗教人物是在宋代。宋徽宗时期，解州盐池因蚩尤为患而干涸，龙虎山道士、道教三十代天师、"虚静真人"张继先，赴玉泉山祈请关公显灵，关羽领阴兵阴将，执青龙偃月刀将蚩尤驱逐，解池水流如注，涸而复满。张天师奏明朝廷，为关羽请功。宋徽宗命张天师请出关羽，关羽立刻出现，宋徽宗极为震惊，随手掷出崇宁钱给关羽说："以此钱封赠你。"以后，世人就称关羽为"崇宁真君"。

关羽在道教中的地位到明代迅速提高，神宗在位四十七年，先后四次大封关羽，万历十年（1582年）封关羽为"协天大帝"，万历十八年（1590年）封关羽为"协天护国忠义帝"，万历二十二年（1594年）应道士张通元的请求把关羽进爵为帝，万历四十二年（1614年）又封关羽为"三界伏魔大帝神威远镇天尊关圣帝君"。

这些封赠，使关羽在道教中的地位得到巩固，在道教信徒的心目中，关羽有着极为崇高的地位。

儒、释、道三家对关羽地位的充分肯定，在中国古代思想史上是非常罕见的，由此也奠定了关羽成为封建时代"万能神"的地位，影响所及直到现代民间。

4.普天同祀

关羽由汉末一员武将，通过历代统治者不遗余力的推崇，通过儒、释、道各家思想、宗教的膜拜，通过寻常百姓发自肺腑的祭奠，最终成了一位万民敬仰、法力无边、护佑众生的至尊神灵，这在中国历史上是独一无二的。

与之相一致的，是关庙的建造。

关羽死后，人们便开始祭祀关羽，但是在唐代之前，关羽祭祀是随在武庙之中，关羽并没有真正属于自己的庙宇。宋代中后期，关羽崇拜

山西万荣李家大院内所建的关庙

许昌春秋楼关公像

急剧升温，关羽的地位大大提高，关羽也从武庙中独立了出来。

关庙在全国大量修建是在宋代，元代曾有"义勇武安王庙遍天下"之说。清乾隆年间《京师乾隆地图》载，京城内的关庙达一百一十六座，故宫内即有四座，圆明园内也有六座。

据资料统计，在当代中国，现存关庙有一千余座，遍布于城乡，从都市到偏远山村都有，其中规模较大、建造年代较早、影响较为深远者，有所谓"四大关庙"，即山西运城关庙、河南洛阳关林、湖北当阳关陵和湖北荆州关庙。

运城关庙，位于山西运城关羽故里，始建于隋文帝开皇九年（589年），清代重修，占地二百余亩，规模宏大，布局完整，为我国武庙之冠，被誉为"武庙之祖"，是我国现存规模最大的宫殿式道教建筑群。

洛阳关林，是关羽的葬首之所，位于河南省洛阳市关林镇。始建于汉代，重修于明万历二十年（1592年），占地一百八十亩。关羽墓前植有古柏千株，故称"关林"，是我国唯一的林、庙合祀的古代建筑。

当阳关陵，位于湖北当阳，是关羽葬身之地。占地七十余亩，为中轴对称式帝陵规制。建筑群体仿皇宫而建，落成于明嘉靖年间。大殿前高悬清同治皇帝御匾"威震华夏"。

荆州关庙，位于湖北荆州古城的南门内。始建于明太祖洪武二十九年（1396年），是关羽镇守荆州时的府邸故基。1985年重建。

除四大关庙外，影响较大的关庙还有：

福建东山关庙，位于福建省东山县铜陵镇岵嵝山下，始建于明洪武二十年（1387年），依山临海，气势巍峨。

河南许昌春秋楼，相传是当年关羽在许昌"秉烛达旦"夜读《春秋》之处。始建于元代延祐元年（1314年），明代以春秋楼为中心扩建为宫殿式建筑群，称为"许昌关帝庙"。现许昌关帝庙为近年修复。

西藏日喀则关庙，位于喜马拉雅山麓。清康熙六十年（1721年），清朝平定准噶尔叛乱后，在西藏驻留清兵，这些兵士在日喀则建造了关庙，关羽信仰也由此传播到了西藏。后来，乾隆皇帝派大将军福康安率重兵入藏，平定廓尔喀入侵。双方交战时，出现了许多保佑清军的异常现象，将士们以为是关羽显灵，便在1792年重修了日喀则关庙。

黑龙江虎头关财神庙，是中国最北边的关庙，位于乌苏里江西岸，江东即是俄罗斯的伊曼市，江西是中国的黑龙江省虎林县虎头镇。离江岸五十米处，一座小巧精致的袖珍关庙就在绿树丛中。清雍正年间（1723—1735年），内地有许多人在长白山和乌苏里江地区采集山参，并把江口作为会集之地。时间久了，集体捐资在江畔的虎头山峭崖上建立起关帝财神庙。

广西恭城武庙，位于恭城县城西山南麓文庙西侧，与文庙相距五十米，左为文庙，右为武庙，文武两庙并存一地，相得益彰。该庙又称"关帝庙"，始建于明朝万历三十一年（1603年），庙宇面积两千一百平方米，是广西现存规模最大、气势最宏伟、保存最完整的武庙。

香港文武庙，位于维多利亚峰北麓的荷李活道。重建于清道光三十年（1850年）冬，供奉武圣关羽和文昌帝君，香客主要是香港工商界和金融界人士。

台湾台北圣寿宫，初建于清康熙二十三年（1684年），原名叫"锡寿堂"，后历经战乱，庙址被毁，现在的圣寿宫是1988年重新选址修建的。正殿的迎圣阁供奉"关圣帝君"，左侍关平太子、张仙大帝，右侍周仓将军、齐天大圣。

不仅国内，国外华人聚集的地方也有许多关庙，日本、韩国、新加坡、泰国、越南、缅甸、菲律宾、马来西亚、印度尼西亚、东帝汶等国也都建有关庙。国外最早的关庙，是建于明万历二十七年（1599年）的韩国首尔关庙。其他国家，如美国、加拿大、澳大利亚、南非等国，也都建有关庙。

除在关庙祭祀之外，随着当代社会经济的发展、文化的繁荣，全国各地又开展了许多种类繁多、样式新颖、规模巨大的当代关公祭典，主要有：

中国洛阳关林国际朝圣大典，每年一度，由洛阳关林主办。每年都有众多来自海内外的关公朝拜者参与，从 1994 年开始至 2015 年，相沿不辍。

洛阳关林朝圣大典

山西运城关公文化节，每年一届，内容涵盖文化、经济等各项，到 2015 年，已举办二十六届。

湖北荆州关公祭祀大典，由荆州市政协主办，从 2013 年开始，改为关公文化节，每年一届。

福建东山关帝文化节，每年农历五月十三关公圣诞日举办，从 1992 年至 2015 年，已举办二十四届。东山是祖国大陆离台湾最近的地区之一，东山县连续举办的关帝文化节，是大陆举办届数最多、持续时间最长的涉台文化节庆活动，在沟通两岸民间往来、联络海内外炎黄子孙方面，是一条重要的精神纽带。

河南赊店关公文化节，由河南省社旗县主办，2014 年始办。举办地

山西运城关公文化节关公祭拜现场

荆州关公祭祀大典

在社旗县赊店古镇博物馆，参加活动者来自山西、陕西、北京、台湾等地和文莱、泰国等国。

广西恭城关公文化节，每年的农历五月十二举办，每三年举办一次大型活动，是传统的民间祭祀关公活动。

马来西亚国际关公文化节，由马来西亚关老爷文化协会主办，2015年6月23日，"第一届国际关公文化节"在马来西亚雪兰莪州举行。来自中国、印度尼西亚、新加坡、越南和马来西亚等国家和地区的三百多位专家学者出席，主题是探讨关公精神对现代社会发展所起到的积极作用。

除关公文化节之外，全国各地还举办有三国文化节，关公文化依然是其重要内容之一，对弘扬关公文化起着十分重要的作用。

关庙在全国大规模建造、关公祭典在当代高规格开展，反应了民众对关羽的热衷崇拜，这种普天同祀的局面，说明了关公文化所具有的强大的生命力。

《三国志·蜀书·关羽传》

关羽字云长，本字长生，河东解人也。亡命奔涿郡。先主于乡里合徒众，而羽与张飞为之御侮。先主为平原相，以羽、飞为别部司马，分统部曲。先主与二人寝则同床，恩若兄弟。而稠人广坐，侍立终日，随先主周旋，不避艰险。《蜀记》曰：曹公与刘备围吕布于下邳，关羽启公，布使秦宜禄行求救，乞娶其妻，公许之。临破，又屡启于公。公疑其有异色，先遣迎看，因自留之，羽心不自安。此与《魏氏春秋》所说无异也。先主之袭杀徐州刺史车胄，使羽守下邳城，行太守事，魏书云：以羽领徐州。而身还小沛。

建安五年，曹公东征，先主奔袁绍。曹公禽羽以归，拜为偏将军，礼之甚厚。绍遣大将（军）颜良攻东郡太守刘延于白马，曹公使张辽及羽为先锋击之。羽望见良麾盖，策马刺良于万众之中，斩其首还，绍诸将莫能当者，遂解白马围。曹公即表封羽为汉寿亭侯。初，曹公壮羽为人，而察其心神无久留之意，谓张辽曰："卿试以情问之。"既而辽以问羽，羽叹曰："吾极知曹公待我厚，然吾受刘将军厚恩，誓以共死，不可背之。吾终不留，吾要当立效以报曹公乃去。"辽以羽言报曹公，曹公义之。

傅子曰：辽欲白太祖，恐太祖杀羽，不白，非事君之道，乃叹曰："公，君父也；羽，兄弟耳。"遂白之。太祖曰："事君不忘其本，天下义士也。度何时能去？"辽曰："羽受公恩，必立效报公而后去也。"及羽杀颜良，曹公知其必去，重加赏赐。羽尽封其所赐，拜书告辞，而奔先主於袁军。左右欲追之，曹公曰："彼各为其主，勿追也。"臣松之以为曹公知羽不留而心嘉其志，去不遣追以成其义，自非有王霸之度，孰能至于此乎？斯实曹公之休美。

从先主就刘表。表卒，曹公定荆州，先主自樊将南渡江，别遣羽乘船数百艘会江陵。曹公追至当阳长坂，先主斜趣汉津，适与羽船相值，共至夏口。《蜀记》曰：初，刘备在许，与曹公共猎。猎中，众散，羽劝备杀公，备不从。及在夏口，飘飘江渚，羽怒曰："往日猎中，若从羽言，可无今日之困。"备曰："是时亦为国家惜之耳；若天道辅正，安知此不为福邪！"臣松之以为备后与董承等结谋，但事泄不克谐耳，若为国家惜曹公，其如此言何！羽若果有此劝而备不肯从者，将以曹公腹心亲戚，实繁有徒，事不宿构，非造次所行；曹虽可杀，身必不免，故以计而止，何惜之有乎！既往之事，故讬为雅言耳。孙权遣兵佐先主拒曹公，曹公引军退归。先主收江南诸郡，乃封拜元勋，以羽为襄阳太守、荡寇将军，驻江北。先主西定益州，拜羽董督荆州事。羽闻马超来降，旧非故人，羽书与诸葛亮，问超人才可谁比类。亮知羽护前，乃答之曰："孟起兼资文武，雄烈过人，一世之杰，黥、彭之徒，当与益德并驱争先，犹未及髯之绝伦逸群也。"羽美须髯，故亮谓之髯。羽省书大悦，以示宾客。

羽尝为流矢所中，贯其左臂，后创虽愈，每至阴雨，骨常疼痛，医曰："矢镞有毒，毒入于骨，当破臂作创，刮骨去毒，然后此患乃除耳。"

羽便伸臂令医劈之。时羽适请诸将饮食相对，臂血流离，盈于盘器，而羽割炙引酒，言笑自若。

二十四年，先主为汉中王，拜羽为前将军，假节钺。是岁，羽率众攻曹仁于樊。曹公遣于禁助仁。秋，大霖雨，汉水汎溢，禁所督七军皆没。禁降羽，羽又斩将军庞德。梁、郏、陆浑群盗或遥受羽印号，为之支党，羽威震华夏。曹公议徙许都以避其锐，司马宣王、蒋济以为关羽得志，孙权必不原也。可遣人劝权蹑其后，许割江南以封权，则樊围自解。曹公从之。先是，权遣使为子索羽女，羽骂辱其使，不许婚，权大怒。《典略》曰：羽围樊，权遣使求助之，敕使莫速进，又遣主簿先致命於羽。羽忿其淹迟，又自己得于禁等，乃骂曰："貉子敢尔，如使樊城拔，吾不能灭汝邪！"权闻之，知其轻己，伪手书以谢羽，许以自往。臣松之以为荆、吴虽外睦，而内相猜防，故权之袭羽，潜师密发。按吕蒙传云："伏精兵于䒼䒼之中，使白衣摇橹，作商贾服。"以此言之，羽不求助于权，权必不语羽当往也。若许相援助，何故匿其形迹乎？又南郡太守麋芳在江陵，将军（傅）士仁屯公安，素皆嫌羽（自）轻己。羽之出军，芳、仁供给军资，不悉相救。羽言"还当治之"，芳、仁咸怀惧不安。于是权阴诱芳、仁，芳、仁使人迎权。而曹公遣徐晃救曹仁，《蜀记》曰：羽与晃宿相爱，遥共语，但说平生，不及军事。须臾，晃下马宣令："得关云长头，赏金千斤。"羽惊怖，谓晃曰："大兄，是何言邪！"晃曰："此国之事耳。"羽不能克，引军退还。权已据江陵，尽虏羽士众妻子，羽军遂散。权遣将逆击羽，斩羽及子平于临沮。《蜀记》曰：权遣将军击羽，获羽及子平。权欲活羽以敌刘、曹，左右曰："狼子不可养，后必为害。曹公不即除之，自取大患，乃议徙都。今岂可生！"乃斩之。臣松之按吴书：孙权遣将潘璋逆断羽走路，羽至即斩，且临沮去江陵二三百里，岂容不时杀羽，方议其生死乎？又云"权欲活羽以敌刘、曹"，此之不然，可以绝智者之口。

吴历曰：权送羽首于曹公，以诸侯礼葬其尸骸。

追谥羽曰壮缪侯。《蜀记》曰：羽初出军围樊，梦猪啮其足，语子平曰："吾今年衰矣，然不得还！"《江表传》曰：羽好左氏传，讽诵略皆上口。子兴嗣。兴字安国，少有令问，丞相诸葛亮深器异之。弱冠为侍中、中监军，数岁卒。子统嗣，尚公主，官至虎贲中郎将。卒，无子，以兴庶子彝续封。《蜀记》曰：庞德子会，随钟、邓伐蜀，蜀破，尽灭关氏家。

后
记

　　"日月忽其不淹兮，春与秋其代序"，时光匆匆，转眼间，本人在高校辛苦耕耘已历三十个春秋。三十年的岁月沧桑，三十年的寒来暑往，曾经的黑发凝结成了霜雪，未酬的壮志，也渐渐褪去了光泽，但始终改变不了的，是对学术的执着，是对传统文化的热爱。因此，虽成绩寥寥，却痴心不改，纵栉风沐雨，仍无怨无悔。本书的出版，也算是给自己三十年时光的一个小小纪念。

　　关公是全民族共同的英雄和神灵，关公崇拜、关公信仰是传统文化的重要组成部分，笔者是关公文化的研究者和传播者，十余年前就给高校学生开设了《关公文化》课程，身体力行弘扬关公文化，希望关公的忠义诚信精神，在新的时代发扬光大，在青年学生的心目中播下文明的种子。因此，很早就想将关公故事、关公精神整理成文字，一方面是对撼自己的工作有个总结，更重要的，是借此可以更好地弘扬关公精神，为传播关公文化做出进一步的贡献。

　　许盘清先生是数字地图绘制专家，他提出了利用地图来弘扬关公精神的设想，这与笔者的愿望不谋而合，于是，我们便开始了合作，由许盘清先生将关公一生的足迹绘制成现代化的地图，文字和插图部分由笔者来组织。这样的一部书，在让读者了解关公一生重要事迹的同时，也通过地图、插图看到了关公所走过的每一个地方，以及这些地方历代百姓对关公的敬奉。关公所经过的每一个地点，像是一个个的火种，连点成片，就成了燎原之势，关公精神之所以能够传播到世界各地，就在于这样的一个个火种，愈燃愈旺，恒久不息。

本书得以付梓，非常感谢北方文艺出版社的宋玉成社长、安璐副社长以及编辑暴磊女士等，感谢他们积极、负责的态度和专业、精心的指导。羊年岁尾，笔者在南京见到宋社长，初次相见，即如故交，宋社长侃侃而谈，说古道今，学识渊博，世事洞明，给笔者留下了深刻的印象。安社长、暴女士虽未谋面，但是一直联系不断，为本书的完稿提供了大力支持。

在此，还要感谢关志杰先生的关公网，以及河北涿州三义宫的吴山海先生，为本书提供了不少信息和资源。

对其他帮助过本书作者的贤良一并致谢！

马宝记

2016 年 12 月 12 日